Dedico este livro a alguém especial

____

Desejo que você seja um grande sonhador
E que, entre seus sonhos, sonhe em ter
Um caso de amor com sua qualidade de vida.
Caso contrário, terá uma dívida enorme com
Sua saúde emocional e com uma mente livre.
Saiba que os melhores seres humanos já traíram:
Traíram seus finais de semanas, seu sono, seu descanso.
Traíram o tempo com as pessoas que mais amam.
Desacelere!
Que neste livro você aprenda a
Gerenciar seus pensamentos e proteger a sua emoção.
Pois, por mais forte que seja, você é um simples mortal.
Obrigado por existir.

____

___/___/___

AUGUSTO CURY

ANSIEDADE

COMO ENFRENTAR O MAL DO SÉCULO

2ª edição
2025

gen | Benvirá

  Benvirá, um selo da SRV Editora Ltda.
  Uma editora integrante do GEN | Grupo Editorial Nacional
  Travessa do Ouvidor, 11
  Rio de Janeiro – RJ – 20040-040

- **Atendimento ao cliente: https://www.editoradodireito.com.br/contato**

- Capa: Tiago Fabiano Dela Rosa
  Diagramação: Fernanda Matajs

- **DADOS INTERNACIONAIS DE CATALOGAÇÃO NA PUBLICAÇÃO (CIP)**
  ODILIO HILARIO MOREIRA JUNIOR – CRB-8/9949

C982a Cury, Augusto
Ansiedade: como enfrentar o mal do século / Augusto Cury. – 2. ed. – São Paulo : Benvirá, 2025.

192 p.
ISBN 978-65-5810-412-4 (impresso)

1. Saúde mental. 2. Ansiedade. 3. Autoestima. 4. Estresse. 5. Autoajuda. I. Título.

CDD 616.89
2024-2315 CDU 613.86

Índices para catálogo sistemático:
1. Saúde mental 616.89
2. Saúde mental 613.86

Agradecimentos

Felizmente, as mulheres estão dominando o mundo. Em minha opinião, elas são mais inteligentes, altruístas e solidárias que os homens. Agradeço às mulheres da minha vida, minha esposa, Suleima, e minhas queridas filhas, Camila, Carolina e Claudia. Com elas, aprendo que todas as escolhas implicam perdas. Quem não estiver preparado para perder o trivial não é digno de conquistar o essencial. E, se formos amigos da sabedoria, descobriremos que o essencial são as pessoas que amamos...

Sumário

Introdução 13

1 | O mal do século: Depressão ou Síndrome do Pensamento Acelerado? 17

O que fizemos com os filhos da humanidade? 18

Um Eu maduro ou imaturo 22

2 | Somos livres em nossa mente? 27

A tese de Sartre: condenados a ser livres 27

O Eu é refém de uma base de dados 29

O Eu pode ser dominado pelo fenômeno do autofluxo... 31

O fenômeno RAM domina a memória e o Eu 34

O erro de Einstein e outras consequências 36

3 | Quem somos? Teses fundamentais 41

Pensar é uma grande aventura 43

O pensamento e suas armadilhas 48

4 | Pare, observe-se, enxergue-se! 53
As estatísticas nos denunciam 53
SPA ou hiperatividade? 54
A vida é bela e breve como os orvalhos 59

5 | O gatilho da memória 61
A ansiedade vital 61
Gatilho ou fenômeno da autochecagem 62
O gatilho da memória e suas masmorras 64
A educação clássica 66

6 | As janelas da memória: o armazém de informações... 69
Definição 69
Deslocamento da personalidade 70
A intencionalidade do Eu não muda a personalidade 71
Dependentes de drogas 72
O sonho é construir bairros na memória 73

7 | Tipos de janelas da memória 75
Janelas neutras, killer e light 75
Janelas neutras 75
Janelas killer 76
Janelas light 78
O Eu entra no palco quando o "circo" está armado 78
Os exemplos gritam mais que as palavras 82
A reformulação do papel da escola 83

8 | O fenômeno do autofluxo e o Eu 87
Um fenômeno belíssimo 88
O Eu e seus papéis fundamentais 91
Funções do Eu como gestor dos pensamentos 92
O Eu maduro ou servo 98

9 | O Eu e o autofluxo: parceiros ou inimigos? 101
Os seis tipos de Eu 102
Eu gerente 102
Eu viajante ou desconectado 103
Eu flutuante 105
Eu engessado 106
Eu autossabotador 107
Eu acelerado 109
Não há múltiplas personalidades 110
O Eu pode ter várias posturas doentias 111

10 | A Síndrome do Pensamento Acelerado 115
O pensamento acelerado 116

11 | O assassinato da infância 127
Nunca foi tão difícil educar 129

12 | Os níveis da SPA 133
A SPA: desarme-a! 133
Níveis de gravidade da SPA 134
Primeiro nível da SPA: viver distraído 134

Segundo nível da SPA: não desfrutar a trajetória 135
Terceiro nível da SPA: cultivar o tédio 135
Quarto nível da SPA: não suportar os lentos 136
Quinto nível da SPA: preparar as férias dez meses antes 137
Sexto nível da SPA: fazer da aposentadoria um deserto 138

13 | Graves consequências da SPA 141
Envelhecimento precoce da emoção: insatisfação crônica 141
Retardamento da maturidade da emoção 144
Morte precoce do tempo emocional 147
Desproteção emocional e desenvolvimento de transtornos psiquiátricos 149
Outras consequências da SPA 151
Doenças psicossomáticas 151
Comprometimento da criatividade 151
Comprometimento do desempenho intelectual global 151
Deterioração das relações sociais 152
Dificuldade de trabalhar em equipe e cooperar socialmente 152

14 | Como gerenciar a Síndrome do Pensamento Acelerado – Parte I 153
1. Capacitar o Eu para ser autor da própria história 153
2. Ser livre para pensar, mas não escravo dos pensamentos 156
3. Gerenciar o sofrimento antecipatório 157
4. Fazer a higiene mental através da técnica do DCD 158

15 | Como gerenciar a Síndrome do Pensamento Acelerado – Parte II 163

5. Reciclar as falsas crenças... 163

6. Não ser uma máquina de trabalhar: o mais eficiente no leito de um hospital.. 165

7. Não ser uma máquina de informações...................... 171

8. Não ser um traidor da qualidade de vida.................. 173

Saldar nossas "dívidas" e corrigir rotas......................... 176

Referências.. 179

Introdução

Vivemos numa sociedade urgente, rápida e ansiosa. Nunca as pessoas tiveram uma mente tão agitada e estressada. Paciência e tolerância a contrariedades estão se tornando artigos de luxo. Quando o computador demora para iniciar, não poucos se irritam. Quando as pessoas não se dedicam a atividades interessantes, elas facilmente se angustiam. Raros são os que contemplam as flores nas praças ou se sentam para dialogar nas suas varandas ou sacadas. Estamos na era da indústria do entretenimento e, paradoxalmente, na era do tédio. É muito triste descobrir que grande parte dos seres humanos de todas as nações não sabe ficar só, se interiorizar, refletir sobre as nuances da existência, se curtir, ter um autodiálogo. Essas pessoas conhecem muitos nas redes sociais, mas raramente conhecem alguém a fundo e, o que é pior, raramente conhecem a si mesmas.

Este livro fala do mal do século. Muitos pensam que o mal do século é a depressão, mas aqui apresento outro mal, talvez mais grave, mas menos perceptível: a ansiedade decorrente da Síndrome do Pensamento Acelerado (SPA). Pensar é bom, pensar com lucidez é ótimo, porém pensar demais é uma bomba contra a saúde psíquica, o prazer de viver e a criatividade. Não são apenas as drogas psicotrópicas que viciam, mas também o excesso de informação, de trabalho intelectual, de atividades, de preocupação, de uso de celular. Você vive esses excessos? Todos eles levam a mente humana ao mais penetrante de todos os vícios: o vício em pensar. Muitos entre os melhores profissionais padecem desse mal; são ótimos para sua empresa, mas carrascos de si mesmos. Desacelerar nossos pensamentos e aprender a gerir nossa mente são tarefas fundamentais.

O conteúdo deste livro deriva da Teoria da Inteligência Multifocal, uma das poucas teorias mundiais que estudam o complexo processo de construção de pensamentos, de formação do Eu como gestor psíquico, os papéis da memória e a formação de pensadores. O livro não é, portanto, uma obra de autoajuda com soluções mágicas, mas uma obra de aplicação psicológica. Ensino aos meus alunos de mestrado e doutorado em psicologia, *coaching* e ciências da educação muitas das teses expostas aqui. Entretanto, procurei escrevê-las numa linguagem simples, usando muitos exemplos e metáforas, para tornar o livro acessível não apenas para os mais diversos profissionais, professores e pais, mas também para os jovens, porque estes são igualmente vítimas da SPA. Sem perceber, destruímos a saúde emocional da juventude no mundo todo. Espero que você faça um mergulho em camadas mais profundas da sua mente e aplique as ferramentas aqui propostas.

O dinheiro compra bajuladores, mas não amigos; compra a cama, mas não o sono; compra pacotes turísticos, mas não a alegria; compra todo e qualquer tipo de produto, mas não uma mente livre; compra seguros, mas não o seguro emocional. Numa existência brevíssima e complexa como a nossa, conquistar uma mente livre e ter seguro emocional faz toda a diferença...

Dr. Augusto Cury, Ph.D.

1

O mal do século: Depressão ou Síndrome do Pensamento Acelerado?

Qual é o mal do século? A depressão? Não há dúvida de que a depressão abarca um número assombroso de pessoas na sociedade moderna. De acordo com a Organização Mundial da Saúde (OMS), mais de 320 milhões de pessoas no mundo lidam com o último estágio da dor humana. Mas, como veremos, a Síndrome do Pensamento Acelerado (SPA) já atinge mais de 10% da população nacional, somando 18,6 milhões de brasileiros de todas as idades, de alunos a professores, de intelectuais a iletrados, de médicos a pacientes.

Sem perceber, a sociedade moderna – consumista, rápida e estressante – alterou algo que deveria ser inviolável, o ritmo de construção de pensamentos, gerando consequências seriíssimas para a saúde emocional, o prazer de viver, o desenvolvimento da inteligência, a criatividade e a sustentabilidade das relações sociais. Adoecemos coletivamente. Este é um grito de alerta.

Recentemente, durante minhas conferências para mais de 8 mil educadores em dois congressos, um nacional e outro internacional, apliquei um teste rápido sobre os sintomas básicos da SPA.

Pedi aos participantes que fossem sinceros e apontassem os sintomas que sentiam, porque quem não é honesto consigo mesmo, quem não tem coragem de se mapear, tem grande chance de ficar intocável, de levar seus conflitos para o túmulo. Antes, brinquei dizendo para sorrirem, pois o caso era de chorar... O resultado me deixou atônito, já que quase todos se achavam profundamente ansiosos e com sintomas psíquicos e psicossomáticos decorrentes dessa síndrome. Eles sorriam e relaxavam ao perceber que não estavam sós. Eram vítimas do que considero ser o verdadeiro mal do século.

O que fizemos com os filhos da humanidade?

Após minha última conferência antes de pegar o voo e retornar a São Paulo, um dos patrocinadores do evento, proprietário de uma grande escola de ensino fundamental, médio e universitário, com milhares de alunos, pediu-me insistentemente para visitar a instituição.

Eu tinha vinte minutos. Vendo seu enorme interesse, atendi ao pedido. Como não queria só fazer uma visita formal, mas dar uma contribuição, solicitei que escolhesse algumas classes de alunos, para os quais eu falaria brevemente sobre certas funções complexas da inteligência, sobre o Eu como gestor da psique e sobre como a Síndrome do Pensamento Acelerado compromete o desempenho global do intelecto. Rapidamente, os professores e coordenadores se organizaram e resolveram indicar as classes do terceiro ano do ensino médio. Dou aulas de pós-graduação e para profissionais de diversas áreas e raramente tenho a oportunidade de estar com alunos tão jovens.

Comentei com eles sobre as janelas killer ou traumáticas – sobre as quais tratarei mais adiante –, que contêm ciúme, timidez, fobias, insegurança e sentimento de incapacidade, e cujo volume de tensão pode bloquear milhares de outras janelas, impedindo o Eu de acessar dados e dar respostas inteligentes nas provas escolares e nas provas da vida. Disse que, ao longo da história, muitos gênios foram tratados como "deficientes mentais" por professores que nunca estudaram a teoria das janelas da memória e as armadilhas das zonas killer nos bastidores da mente.

Ao falar para aquela plateia, sabia que, em todo o mundo, os jovens raramente viviam o sonho de Platão (o prazer de aprender), de Paulo Freire (ter autonomia, opinião própria), de Jean-Paul Sartre (ser dono do próprio destino), de Freud (um ego que vive o princípio do prazer com maturidade), de Viktor Frankl (um ser humano em busca do sentido existencial) e o meu sonho (o desenvolvimento de um Eu maduro, capaz de proteger a emoção, gerenciar pensamentos e trabalhar outras funções complexas da inteligência para aprender a ser autor da própria história).

Os professores reclamam que os alunos estão cada vez mais agitados, ansiosos e alienados. Mas toda mente é um cofre; não existem mentes impenetráveis, e sim chaves erradas. Usei a chave correta, toquei o território da emoção daqueles alunos e os estimulei a viajar para dentro de si mesmos. Não se ouvia uma mosca enquanto eu falava.

Após minha breve exposição, indaguei-lhes sobre os sintomas da SPA que porventura vivenciavam. A grande maioria levantou a mão afirmando sentir dores de cabeça e musculares. Foi surpreendente. Quase todos também acenaram positivamente quando perguntei se acordavam cansados, sentiam-se irritadiços e intolerantes a contrariedades, sofriam por antecipação, tinham déficit de concentração e de memória.

A proprietária da escola, muito sensível, bem como os professores presentes, ficaram estarrecidos. Não imaginavam que a qualidade de vida dos seus alunos estava na lama. Muitos eram ricos, mas viviam como miseráveis nos solos da sua psique.

Por fim, fiz a última pergunta. Dessa vez fui eu quem ficou com a voz embargada e os olhos lacrimejantes. Indaguei quem tinha algum tipo de transtorno do sono, e, mais uma vez, muitos levantaram a mão. Esses jovens estavam na plenitude da vida, porém viviam entrincheirados, guerreando no único lugar onde temos de fazer uma trégua absoluta: a cama. O sono é vital para uma mente equilibrada, produtiva e saudável.

Eu parei, olhei para os professores e perguntei: "O que estamos fazendo com os filhos da humanidade?". Não me contive. Afirmei que, apesar de os professores serem os profissionais mais importantes da sociedade, o sistema educacional clássico está doente, formando pessoas doentes para uma sociedade estressante, pois leva os alunos, da pré-escola à pós-graduação, a conhecer milhões de dados sobre o mundo em que estamos, mas quase nada sobre o mundo que somos, o planeta psíquico.

A educação clássica muito raramente ensina aos estudantes as ferramentas básicas para que aprendam, desde a mais tenra infância, a habilidade de filtrar estímulos estressantes, proteger a emoção, gerenciar seus pensamentos, pensar antes de reagir, ser resiliente e, desse modo, alicerçar o Eu como gestor psíquico e aliviar, pelo menos um pouco, os graves sintomas da Síndrome do Pensamento Acelerado. Muitas escolas nas Américas, na Europa, na África e na Ásia podem formar técnicos com maestria, mas têm um débito enorme na formação de pensadores capazes de desenvolver mentes livres e emoções saudáveis.

Infelizmente, em todo o mundo, neurologistas, psiquiatras e psicopedagogos estão fazendo diagnósticos errados. Ao verem um jovem desconcentrado, irritadiço, inquieto, com baixo limiar para a frustração, diagnosticam como hiperatividade ou transtorno de déficit de atenção, em vez de SPA. Os sintomas são semelhantes, mas as causas e a abordagem são distintas. Esse assunto será comentado adiante.

Um Eu maduro ou imaturo

Vivemos na idade da pedra em relação aos papéis do Eu como administrador da psique. De quanto em quanto tempo fazemos a higiene corpórea, tomamos banho? A cada 24 horas? E a higiene bucal? A cada quatro ou seis horas? E a higiene mental? Por exemplo, quanto tempo temos para intervir quando somos invadidos por um pensamento perturbador, uma ideia autopunitiva, um estado fóbico? No máximo, cinco segundos.

Usando a metáfora do teatro, o nosso Eu, que representa a nossa capacidade de escolha, deve sair da plateia, entrar no palco da mente e fazer a higiene de modo rápido e silencioso enquanto está se processando o registro na memória da experiência angustiante. Como? Impugnando, discordando, confrontando, como um advogado de defesa faz num fórum para proteger o réu. Mas nosso Eu é lento demais. Não é educado para administrar a psique. Ele grita no mundo de fora e se cala no território psíquico. Faz, normalmente, o contrário do que deveria.

A grande maioria das pessoas dirige carro, mas não aprendeu a dirigir as próprias emoções, reações e pensamentos. Vivemos numa sociedade superficial e estressante, que todos os dias nos vende produtos e serviços, porém não nos ensina a desenvolver um Eu "gerente", maduro, inteligente, cônscio dos seus papéis fundamentais. Como está seu Eu?

O cárcere psíquico é capitaneado por doenças psicossomáticas, depressão, discriminação, violência escolar, dificuldade de transferência do capital das experiências, Síndrome do Circuito Fechado da Memória, Síndrome do Pensamento Acelerado, culto a celebridades e padrão tirânico de beleza. Tais cárceres são evidências da crise do gerenciamento do Eu.

Com frequência, comento com meus alunos pós-graduandos em psicanálise e psicologia multifocal que uma das tarefas mais nobres e relevantes do Eu é mapear, esquadrinhar nossos fantasmas e reeditar nossas janelas traumáticas. De outro modo, podemos fazer parte do rol dos que falam sobre maturidade mas são verdadeiros

"A grande maioria das pessoas dirige carro, mas não aprendeu a dirigir as próprias emoções, reações e pensamentos."

meninos no território da emoção, pois não sabem ser minimamente criticados, contrariados e, além disso, têm a necessidade neurótica de poder e de que o mundo gravite em sua órbita.

Certa vez, perguntei a executivos das cinquenta empresas psicologicamente mais saudáveis do país: "Quem tem algum tipo de seguro?". Todos responderam que tinham. Em seguida, indaguei: "Quem tem seguro emocional?". Ninguém arriscou levantar a mão. Foram sinceros. Como podemos falar de empresas saudáveis sem mencionar os mecanismos básicos para proteger a emoção? Só fazemos seguro daquilo que nos é caro. Mas, infelizmente, a mais importante propriedade tem tido um valor irrelevante.

Em geral, esses profissionais são ótimos para a empresa, mas carrascos de si mesmos. Acertam no trivial, mas erram muito no essencial. E eu? E você? Ainda que possamos dizer que a mente humana é a mais complexa de todas as "empresas", a única que não pode falir, infelizmente é a que vai com maior facilidade à bancarrota pelos descuidos inadmissíveis com que a tratamos. Ela não pode ser terra de ninguém e ficar vulnerável a todo estímulo estressante. Sua emoção tem seguro?

2

Somos livres em nossa mente?

A tese de Sartre: condenados a ser livres

Somos livres para pensar? Pensamos o que queremos e quando queremos? Espere, não se apresse em responder. Pense o pensamento, pense no que você pensa e em como pensa. Alguém pode questionar: "Sou livre em minha mente, meus pensamentos submetem a minha vontade". Será?

O filósofo francês Jean-Paul Sartre defendeu uma das teses mais inteligentes da filosofia: o ser humano está condenado a ser livre. Sartre estava correto ou foi ingenuamente romântico ao defender essa tese? Somos livres dentro de nós mesmos?

Se olharmos para o comportamento externo, não há dúvida de que Sartre estava correto. Um presidiário pode ter seu corpo confinado atrás das grades, mas sua mente é livre para pensar, fantasiar, sonhar, imaginar. Se o seu Eu não for treinado para refletir sobre seus erros, a punição não será em hipótese alguma pedagógica. Pelo contrário, os fenômenos que constroem cadeias de pensamentos farão uma leitura multifocal da memória ao longo de dias, meses e anos, construindo imagens mentais sobre fuga, túneis, abreviamento da pena; enfim, tudo para escapar de um cárcere mais grave que o cárcere físico: o cárcere da angústia, do tédio, da ansiedade asfixiante. Quem construiu as prisões ao longo da história não estudou o processo de construção de pensamentos, não entendeu que a mente jamais pode ser aprisionada.

Por que os ditadores, por mais brutais que sejam, por mais que controlem seu povo com mão de ferro, caem? Porque ninguém pode controlar a movimentação do Eu e seus anseios pela liberdade.

Um bebê terá vontade de sair dos braços da mãe para explorar o ambiente. Um adolescente se arriscará a fazer novos amigos, ainda que seja tímido. Uma pessoa marcada por uma fobia desviará do objeto fóbico; enfim, irá ao encontro da sua liberdade. Por esse ângulo, Sartre estava corretíssimo: o ser humano está condenado a ser livre.

A sua tese alicerça, inclusive, os direitos e deveres civis dos cidadãos nas sociedades democráticas. Nelas, temos a liberdade de expressar nossos pensamentos, de ir e vir. Mas se, por um lado, ansiamos desesperadamente ser livres, por outro, ao observarmos atentamente o processo de construção de pensamentos e as sofisticadas armadilhas que ele encerra, veremos que a tese de Sartre é ingênua e romântica. Infelizmente, não somos livres como gostaríamos de ser no âmago do intelecto. Aliás, os piores cárceres, as piores masmorras, as mais apertadas algemas podem estar dentro de nós. Vejamos.

O Eu é refém de uma base de dados

Nós construímos pensamentos a partir do corpo de informações arquivado em nossa memória. Todas as ideias, a criatividade e a imaginação nascem do casamento entre um estímulo e a leitura da memória, que opera em milésimos de segundo. O Eu não tem consciência dessa leitura e organização de dados em alta velocidade que ocorre nos bastidores da mente, somente do produto final encenado no palco, ou seja, dos pensamentos já elaborados.

Um quadro, os personagens do cinema ou de um livro, por mais incomuns que sejam, foram gestados com base na leitura de elementos contidos na memória do seu autor. E a memória é um produto de nossa carga genética, do útero materno, do ambiente social, do meio educacional e das relações do nosso Eu com a própria mente.

Milhares de experiências que fazem parte do nosso banco de dados da primeira infância, como rejeições, perdas, contrariedades, medos, foram produzidas sem que pudéssemos controlá-las, filtrá-las, rejeitá-las. Claro que hoje, como adultos, fazemos escolhas, tomamos atitudes, mas nossas escolhas são pautadas pela base de dados que já temos, e, portanto, nossa liberdade não é plena como Sartre pensava.

Um homem, que talvez seja o maior educador da história, enxergava essa limitação de maneira clara e assombrosa. Quando estava morrendo sobre o madeiro, há mais de 2 mil anos, disse algo surpreendente: "Pai, perdoa-os, pois eles não sabem o que fazem!". Uma análise não religiosa, mas psicológica e sociológica, demonstra que a afirmação carrega um altruísmo sem precedente. Mas, ao mesmo tempo, parece inaceitável sua atitude de proteger os carrascos.

Os soldados romanos sabiam o que faziam, cumpriam a peça condenatória de Pilatos. Entretanto, para o mestre dos mestres, os pensamentos que eles construíam eram, por um lado, fruto da livre escolha e, por outro, reféns da base de dados da sua memória, da cultura tirânica do Império Romano. Cumpriam ordens, não eram completamente autônomos nem donos do próprio destino. Eram prisioneiros do seu passado, "escravos" de sua cultura.

A cultura é fundamental para a identidade de um povo, mas, se ela nos impede de nos colocar no lugar do outro e pensar antes de reagir, torna-se escravizante. Para o mestre da Galileia, por detrás de uma pessoa que fere, há sempre uma pessoa ferida. Isso não resolvia o problema dos seus opositores, mas resolvia o problema dele. Protegia a sua mente. Seu Eu não carregava as loucuras e agressividades que não lhe pertenciam. Sua tolerância o aliviava, mesmo quando o mundo desabava sobre ele.

O Eu pode ser dominado pelo fenômeno do autofluxo

Não deixamos de ser livres apenas porque somos reféns do nosso passado, da "liberdade circunscrita a uma história existencial". Mesmo dentro dessa base de dados, não temos plena liberdade de escolha, como Sartre pensava.

Imagine que tenhamos milhões de "tijolos" em nossa memória, que advêm da carga genética, da relação com pais, irmãos, amigos, das experiências na escola, das informações dos livros, do processo de introspecção. Não há dúvida de que temos liberdade de escolha para utilizar esses tijolos e construir emoções e pensamentos ao bel-prazer do Eu, pensamentos que acusam, discursam, analisam, acolhem, criticam, aceitam, amam, odeiam.

A não ser que alguém esteja em surto psicótico ou sob intenso efeito de uma droga, ou seja uma criança incapaz de ter consciência de seus atos, o exercício de escolher e utilizar os tijolos da memória está preservado. Mas, apesar da liberdade que o Eu tem de acessar e utilizar informações para construir cadeias de pensamentos sob sua responsabilidade, há fenômenos inconscientes que constroem pensamentos e emoções sem sua autorização. Se esses fenômenos realmente existem, isso muda drasticamente nossa compreensão sobre quem somos, o *Homo sapiens*.

Você entraria numa aeronave sabendo que há um terrorista a bordo que poderia dominar o piloto e fazer o avião despencar? Fiz essa pergunta para uma plateia de médicos. Claro, todos disseram que não. Em seguida, perguntei: "Quem gosta de sofrer, de se angustiar?". Felizmente, não havia nenhum masoquista presente. E continuei: "Quem sofre por antecipação?". Quase todos na plateia se manifestaram. Expliquei então que, se considerássemos a mente humana como a mais complexa aeronave e o piloto, o Eu, a aeronave mental deles estaria em queda livre. Disse a eles que "se o Eu de vocês não é masoquista, se ninguém se detesta ou procura se mutilar, por que, então, sofrer por antecipação? Se não é o Eu que produz esses pensamentos perturbadores, quem os produz? A conclusão é que há um 'terrorista' a bordo, há um copiloto sabotando a aeronave mental".

Quem é esse copiloto? Eu o chamo de autofluxo. Mais adiante, vamos investigá-lo em detalhes, mas, previamente, afirmo que tal fenômeno inconsciente é de vital importância para o psiquismo humano, para a criatividade e para o prazer de viver, porém pode perder sua função saudável e passar a nos aterrorizar. Aliás, ele é o grande responsável por produzir a Síndrome do Pensamento Acelerado.

Os médicos começaram, enfim, a entender que a tese de Jean-Paul Sartre não se sustentava. O nosso Eu é livre para pensar, para organizar os dados da sua memória, mas, ao mesmo tempo, há fenômenos inconscientes, que até então não tinham sido estudados por outros teóricos, que produzem pensamentos sem a autorização do próprio Eu e que podem sabotá-lo, escravizá-lo, encarcerá-lo. Um exemplo disso é a teoria desenvolvida no livro *Nudge: Como tomar melhores decisões sobre saúde, dinheiro e felicidade*, no qual Richard H. Thaler, ganhador do Nobel de economia, e Cass R. Sunstein, pesquisador da área, comprovam que nossas decisões podem ser influenciadas por pequenas mudanças na forma como as escolhas nos são apresentadas.

Não podemos falar que somos condenados a ser livres. Não estamos sós na aeronave mental... Podemos e devemos ser educados para ser autores da nossa história, mas essa liberdade é conquistada e tem seus limites. A história da humanidade, com suas inúmeras injustiças e atrocidades, é um exemplo claro disso.

O fenômeno RAM domina a memória e o Eu

O terceiro elemento que questiona a tese de Sartre está ligado às limitações do Eu quanto ao arquivamento da memória. Nos computadores, somos deuses, registramos o que queremos e quando queremos, mas na memória humana isso é impossível. Segundo um estudo realizado pelo psicólogo alemão Hermann Ebbinghaus, esquecemos 60% do que processamos em apenas 20 minutos! O registro de tudo o que contatamos é automático e involuntário, produzido por um fenômeno inconsciente chamado Registro Automático da Memória (RAM).

Não apenas o que o nosso Eu deseja será arquivado, mas também o que ele odeia e despreza. Tudo o que mais detestamos ou rejeitamos será registrado com maior poder, formando janelas traumáticas, que denomino killer. Se você detesta alguém, tenha certeza de que ele dormirá com você e estragará seu sono. Portanto, se o Eu, que representa a capacidade de escolha, não tem liberdade para evitar o registro dos nossos pensamentos perturbadores e dos estímulos estressantes que nos abarcam, como podemos dizer que o ser humano está condenado a ser livre?

Estudar e compreender esses fenômenos inconscientes não apenas nos deixará atônitos, mas também nos levará a uma nova compreensão sobre as ciências da educação, a psicologia, a psiquiatria, a sociologia e as relações sociopolíticas.

O processo de construção de pensamentos e todas as suas implicações psicológicas e sociológicas não foram estudados sistematicamente por brilhantes pensadores como Freud, Jung, Roger, Skinner, Piaget, Vygotsky, Paulo Freire, Nietzsche, Jean-Paul Sartre, Hegel, Kant, Descartes, entre outros.

Os grandes teóricos da psicologia e da filosofia usaram o pensamento pronto para produzir, com brilhantismo, conhecimento sobre o processo de formação da personalidade, o processo de aprendizado, a ética, as relações sociopolíticas, mas pouco investigaram aquele que pode ser considerado a última fronteira da ciência: o próprio pensamento.

Ao longo de mais de três décadas, estudei exaustivamente essa área e desenvolvi a Teoria da Inteligência Multifocal (TIM). Pensei dia e noite, ano após ano, analisando e escrevendo sobre a natureza, os tipos, os limites e o processo de construção de pensamentos.

Essa trajetória não alavancou meu orgulho; ao contrário, colocou-me em contato com minhas mazelas e minha pequenez, pois me fez perceber, em mais de 20 mil sessões de psicoterapia e consultas psiquiátricas, que todos os meus pacientes eram tão complexos como o mais culto e racional dos seres humanos. Estudar a dinâmica, a construção e a movimentação dos pensamentos me deixou plenamente convicto de que cada paciente que tratei, por mais fragmentada que estivesse sua personalidade, tinha a mesma dignidade que eu.

Temos o costume de nos classificar em negros e brancos, ricos e miseráveis, celebridades e anônimos, intelectuais e iletrados, reis e súditos, porque pisamos na superfície do planeta psíquico, porque conhecemos no máximo a antessala dos fenômenos que nos tecem como *Homo sapiens*. Somos uma espécie doente, que pouco honrou a arte de pensar.

O fato de o mais complexo de todos os fenômenos do intelecto, o pensamento, ter sido muito pouco investigado trouxe consequências seriíssimas para o desenvolvimento da nossa espécie. Pensar o pensamento sistematicamente nos leva a romper o cárcere de nossas verdades e abre um universo de possibilidades para compreender quem somos. E, também, para compreender que editar a construção do pensamento numa frequência altíssima leva ao mal do século (SPA), a um desgaste cerebral sem precedentes.

O erro de Einstein e outras consequências

Por não termos estudado o processo de construção de pensamentos, seus tipos e sua natureza, não desenvolvemos ferramentas para o Eu ser um gestor psíquico, o que gerou alguns paradoxos angustiantes. Vejamos. Estamos no apogeu da medicina e da psiquiatria, mas nunca estivemos tão doentes.

Estudo recente da Faculdade de Medicina de Harvard aponta que, até os 75 anos, 50% da população mundial deve desenvolver um distúrbio mental, ou seja, mais de 4 bilhões de pessoas. Estamos no apogeu da indústria do lazer, mas nunca houve uma geração tão triste e depressiva como a nossa: segundo uma pesquisa das universidades de Cardiff, Edimburgo e Bristol, no Reino Unido, crianças e adolescentes estão desenvolvendo ansiedade e depressão mais cedo e com maior duração do que há dez anos. Estamos na era do conhecimento, da democratização da informação, mas nunca produzimos tantos repetidores de informações, em vez de pensadores.

E os paradoxos não param por aí. Por não termos investigado o fenômeno fundamental que nos torna seres pensantes, vivenciamos ainda hoje erros grosseiros e gravíssimos na sustentabilidade das relações humanas, inclusive na inserção social. Qual a diferença entre uma pessoa em surto psicótico e um intelectual?

Havia diferenças entre o grande Einstein e o filho psicótico que ele internou num manicômio e nunca mais visitou? Havia algumas diferenças na organização do raciocínio, nos parâmetros da realidade, na profundidade

“Estamos na era do conhecimento, da democratização da informação, mas nunca produzimos tantos repetidores de informações, em vez de pensadores.”

das ideias, na formatação do imaginário, mas, nos bastidores da mente, eles eram exatamente os mesmos.

O filho de Einstein podia construir pensamentos ilógicos e imagens mentais desconectadas da realidade, mas a atuação do Eu e dos fenômenos inconscientes que construíam esses pensamentos e imagens era exatamente a mesma que Einstein usou para produzir sua sofisticada teoria da relatividade. Resgatar um verbo em meio a bilhões de opções e utilizá-lo numa cadeia de pensamento, ainda que ilógica, equivale a atirar na Lua e acertar numa mosca.

A leitura rapidíssima da memória e a utilização dos dados que financiavam os personagens bizarros e as ideias persecutórias do filho de Einstein, reitero, nem de longe eram menos complexas do que as de seu pai. Entretanto, o ambiente tétrico de um manicômio, as dificuldades de lidar com o raciocínio de seu filho sem parâmetros lógicos e o sentimento de impotência de Einstein levaram o homem que mais conheceu as forças do universo físico a ser asfixiado pelas forças de um universo mais complexo, o psíquico.

Quando estudamos o processo de construção de pensamentos, somos iluminados para entender que a loucura e a racionalidade são mais próximas uma da outra do que imaginamos. Por isso, uma pessoa inteligente jamais discrimina ou diminui os outros.

3

Quem somos? Teses fundamentais

Como vou falar sobre a Síndrome do Pensamento Acelerado e caracterizá-la como o grande mal do século, para dar mais consistência aos capítulos posteriores sobre as causas e os fenômenos que a alicerçam, sinto a necessidade de contextualizar como cheguei a essa descoberta. A construção de pensamentos não é unifocal, mas multifocal, não dependendo apenas da vontade consciente, ou seja, do Eu, mas de fenômenos inconscientes. Somente essa tese já é suficiente para demonstrar que a mente humana é mais complexa do que postulam a psicanálise, as teorias comportamentais, as teorias cognitivas, as teorias existencialistas, as teorias sociológicas e as teorias psicolinguísticas. Somos tão complexos, que, quando não temos problemas, nós os criamos.

Por exemplo, milhões de pessoas em todas as sociedades modernas cobram demais de si mesmas. Elas usam o pensamento não para se libertar, mas para se aprisionar e punir quando falham ou não correspondem a suas expectativas. Quem cobra excessivamente de si pode ser ótimo para a sociedade e para sua empresa, mas certamente será seu próprio algoz. Você o é? Diante disso, devemos fazer uma pergunta relevante: o nosso Eu é o único fenômeno responsável por ser autopunitivo? A resposta é não. Na realidade, por ser passivo, ele é amordaçado por outros fenômenos que leem a memória e fecham o circuito das janelas.

O Eu, por não ter aprendido a conhecer o funcionamento da mente e a ter autocontrole, acaba sendo asfixiado por engenheiros inconscientes que constroem pensamentos perturbadores e punições sem sua permissão. Se não formos equipados educacionalmente para atuar como gerenciadores da psique, seremos como meninos assombrados numa terra de "monstros".

Claro que isso não exime a responsabilidade de quem comete violências contra o outro. Se o Eu é consciente, se não perdeu os parâmetros da realidade, ele é responsável pelos seus comportamentos e suas consequências, inclusive quando ele mesmo se torna um espectador passivo das mazelas psíquicas. Quem não souber dar um choque de lucidez em sua emoção e em seus pensamentos jamais poderá dizer que é autor da própria história. Podemos nunca ser completamente livres em nosso psiquismo, mas há diferenças nos níveis de aprisionamento. Alguns visitam essa "prisão" em momentos de estresse semanais; outros, em períodos diários de tensão; outros, ainda, vivem constantemente em masmorras.

Certa vez, ao fazer uma conferência no Supremo Tribunal Federal, o guardião dos direitos e deveres dos cidadãos, o baluarte da liberdade, afirmei que nunca houve, nas sociedades livres e democráticas, tantos escravos no único lugar onde é inadmissível ser um prisioneiro: em nossa própria mente.

Parece incrível afirmar isso, mas o tempo da escravidão não terminou, apenas mudou de endereço. Antes, algemava-se o corpo; hoje, algema-se a psique. Antes, havia carrascos que puniam os encarcerados; hoje, nós mesmos nos encarceramos. Antes, a jornada de trabalho era inumana, de doze ou catorze horas diárias; hoje, devido à SPA, a jornada de trabalho mental é insuportável, nos tornamos máquinas de pensar. Não descansamos.

Pensar é uma grande aventura

A produção da Teoria da Inteligência Multifocal (TIM) demandou décadas (continuo escrevendo-a) e mais de três mil páginas, em um país que pouco incentiva a pesquisa teórica básica, principalmente sobre a mente humana. Para escrevê-la, eu aproveitava os intervalos das psicoterapias e consultas psiquiátricas, além de preciosas horas nos finais de semana, férias, feriados, noites e madrugadas.

Quando nos envolvemos em um projeto para produzir conhecimento teórico, o risco de não desenvolver algo consistente é grande, ainda mais numa área intangível como a psicologia. Mas quem vence sem riscos triunfa sem dignidade. O desejo de contribuir, ainda que minimamente, para a humanidade me consumia. Hoje, após tantos anos e me colocando como eterno aprendiz, fico feliz por esse conhecimento atingir dezenas de milhões de leitores em muitos países. Alegro-me também por algumas universidades internacionais já oferecerem mestrado e doutorado na TIM.

Entretanto, foi uma tarefa árdua. Tudo começou há muito tempo, e recordo algumas passagens pitorescas. Conheci minha esposa na faculdade de medicina; eu cursava o quarto ano, e ela, o segundo. Levei-a com meus escassos recursos para tomar um suco. Na saída, um bilhete caiu do meu bolso. Ela, desconfiada de que fosse uma mensagem de outra garota, indagou-me do que se tratava. Fitei seus olhos e lhe disse que eu não era muito normal, pois sonhava em construir uma nova teoria sobre a inteligência, e o bilhete era uma das minhas anotações. Ela achou aquilo estranho, deve ter pensado que eu estava delirando, com uma febre passageira, pois, como futuro médico, deveria me preocupar com órgãos, doenças, tratamentos, e não com o funcionamento da mente.

O tempo passou, e minha febre só piorou. Dezessete anos depois, outro episódio interessante ocorreu. Já tinha minhas três amáveis filhas. Estava atrasado para mais um compromisso social, pois estava escrevendo um texto, e minha esposa buzinava no carro. Quando cheguei ao veículo, minha filha mais velha, então com 11 anos, fez a pergunta fatal: “Papai, quando você vai terminar seu livro?”. Eu não tinha a resposta, e minha esposa – naquele momento impaciente, e com razão – respondeu por mim: “Filha, quando conheci seu pai, ele logo disse que estava escrevendo um livro sobre a mente humana. Ele nunca vai terminá-lo, pois no dia em que terminar, ele vai morrer...”.

***

É difícil falar da minha própria produção de conhecimento, mas, jamais negando minhas gritantes limitações, gostaria de dizer que a Teoria da Inteligência Multifocal talvez tenha sido a primeira a detectar que a construção de pensamentos é tão complexa que, além do Eu, há três outros fenômenos que constroem cadeias de pensamentos.

É também uma das poucas teorias que estudam a relação entre os pensamentos conscientes e a natureza do objeto pensado. O pensamento consciente é de natureza virtual e, portanto, não incorpora a realidade do objeto pensado. O que significa isso? Tudo o que um pai fala ou discorre sobre um filho, um psicólogo sobre um paciente ou um professor sobre um aluno jamais incorpora a realidade mental ou psíquica daquele sobre quem se fala. É por isso que a TIM talvez seja a primeira teoria a demonstrar que, devido à natureza virtual dos pensamentos, há um antiespaço nas relações interpessoais. Através desse antiespaço, estamos próximos fisicamente, mas infinitamente distantes em termos psíquicos uns dos outros.

Essa solidão paradoxal (próxima e dramaticamente distante), embora seja inconsciente, movimenta o Eu e os demais fenômenos para produzir pensamentos continuadamente a fim de aproximar os mundos. Um pai ou uma mãe pode ficar perplexo e triste ao descobrir que não consegue alcançar a realidade da dor, das alegrias, dos sonhos e dos pesadelos dos seus filhos, mas esse distanciamento gera uma ansiedade vital que os leva, irrefreavelmente, a se aproximar deles, construir pontes, dialogar, ter saudade. Enfim, romper o cárcere da solidão produzido pela virtualidade dos pensamentos. Penso que esse é um dos mais complexos fenômenos da psicologia. O assunto merece um livro inteiro.

Por que não paramos de pensar, criar personagens, imaginar, produzir um filme ininterrupto em nossa mente, nem mesmo nos sonhos? Não é apenas pela vontade consciente de pensar, trabalhar, construir respostas; há algo mais profundo, "mais embaixo", na base da nossa psique, que é a motivação inconsciente de alcançar a realidade das pessoas, ambientes e objetos e, assim, tentar superar a inimaginável solidão gerada pela consciência. Por um lado, esse processo movimenta a construção de pensamentos através da ansiedade vital, tornando-nos *Homo sapiens*, mas, por outro, traz graves consequências, pois grande parte dos nossos pensamentos (diagnósticos, análises, julgamentos e intervenções) tem pouco a ver com o outro e muito a ver conosco. Ou seja, nossos pensamentos estão distorcidos e contaminados por nossa cultura e personalidade (quem sou), por nossa emoção (como estou), pelo ambiente social (onde estou) e por nossa motivação (o que intenciono). Não há interpretações puras.

As pessoas, por mais isentas que sejam, contaminam a construção de pensamentos, ainda que minimamente. É impossível haver médicos, psiquiatras, psicólogos, magistrados, promotores de justiça, políticos, pais, professores completamente isentos no processo interpretativo, pois o primeiro ato do teatro psíquico ocorre em milésimos de segundo e não através da atuação do Eu, mas através de dois atores inconscientes, o gatilho e as janelas da memória, a serem estudados. Todavia, existem contaminações aceitáveis, que não prejudicam seriamente o raciocínio, enquanto há outras interpretações drasticamente distorcidas. Por isso, há julgamentos políticos, baseados menos na lei e muito mais nas intenções subjacentes e subliminares de quem julga.

O ciúme e a necessidade neurótica de controlar o(a) parceiro(a), tão comuns na juventude, são exemplos de distorções do raciocínio nas relações interpessoais, como aprofundo no meu livro best-seller *Ansiedade 3: Ciúme – O medo da perda acelera a perda*. Quem tem ciúme já perdeu: perdeu sua autoestima e sua capacidade de pensar com clareza e leveza. Um Eu líder e maduro não gravita na órbita dos outros nem exige que os outros gravitem na órbita dele. Vive em harmonia. Você vive em harmonia consigo mesmo?

Muitos adultos criticam, excluem ou diminuem os outros, com atitudes típicas de quem é superficial e autoritário. De acordo com a TIM, a virtualidade dos pensamentos demonstra que a verdade absoluta é sempre um fim inatingível. Devemos ser eternos procuradores dela. Quem acredita ser portador da verdade está preparado para ser um deus, e não um ser humano. Infelizmente, a humanidade está saturada de deuses.

O pensamento e suas armadilhas

Não poucos psiquiatras e psicólogos fazem diagnósticos fechados e radicais por não terem estudado as armadilhas que existem no processo de construção de pensamentos. A indústria do diagnóstico pode ser um problema. O mesmo diagnóstico que pode orientar condutas do tratamento pode controlar um paciente, rotulá-lo, encarcerá-lo. Um profissional de saúde mental deve saber que jamais tocará ou sentirá minimamente a dor do pânico ou da depressão de um paciente. Se sentir, ela será sua, e não do outro, pois a comunicabilidade interpessoal se dá na esfera da virtualidade, e não através da transferência da realidade essencial. Estamos ilhados em nós mesmos.

Muitos profissionais dessa nobilíssima e complexa área não entendem que conhecemos o outro sempre a partir de nós mesmos. Aprender a nos colocar o menos possível no processo de interpretação e criticar nossos preconceitos é fundamental para nos aproximar dos outros, entender seu drama, ainda que virtualmente.

Líderes espirituais, políticos, juristas, médicos cometem erros seriíssimos porque creem que o pensamento é instrumento da verdade. Julgam, decidem, condenam, orientam sem saber que sua natureza é virtual. Todos deveríamos ser treinados nas faculdades para entender as contaminações (armadilhas) ligadas à natureza do pensamento.

Nossos pensamentos jamais representam o outro em sua plenitude. Pensar com humildade, reciclando nosso autoritarismo, nosso orgulho, nossa necessidade neurótica de poder, é fundamental. Guerras, genocídios, homicídios, violências, *bullying* não são apenas produzidos por fatores sociais, mas também porque não estudamos as emboscadas do mais complexo dos fenômenos psíquicos: o pensamento.

Como podemos provar que o pensamento consciente é virtual, e não concreto? Simples. Se não fosse virtual, jamais poderíamos pensar no futuro, pois este é inexistente, nem resgatar o passado, pois a ele não se pode retornar. Na esfera da virtualidade, nossa espécie deu um salto sem precedente na construção do seu imaginário, mas devemos ter em mente que o mesmo fenômeno que nos libertou também pode produzir graves prisões, entre elas medo, ódio e dependência.

Se pais, educadores e executivos não treinarem seu Eu para se esvaziar de seus preconceitos e aprender a se colocar no lugar dos outros a fim de entendê-los tanto quanto possível, cometerão erros crassos. Muitos são vítimas de inveja, ciúme, raiva, complexo de inferioridade, sem saber que tais sentimentos são distorções ligadas à natureza e à construção de pensamentos.

Além de todos esses fenômenos que citei, a TIM estuda dezenas de outras áreas novas do psiquismo, como o fenômeno RAM, o fenômeno da psicoadaptação, o fenômeno do autofluxo, o fenômeno da autochecagem da memória ou gatilho da memória, as janelas da memória, os três tipos de pensamento (essencial, antidialético e dialético), o Eu como gerente dos pensamentos, o Eu como gestor da emoção, o processo de reedição das janelas killer.

Por estudar sistematicamente os fenômenos conscientes e inconscientes que constroem pensamentos, a TIM é a primeira teoria a detectar a Síndrome do Circuito Fechado da Memória e a Síndrome do Pensamento Acelerado.

Até aqui, contextualizei brevemente o processo de construção da teoria e algumas das suas áreas de atuação. Creio que, daqui para a frente, os capítulos serão mais suaves. Produzir uma teoria é uma belíssima aventura, mas tem seus desertos. Quem se arrisca a andar por ares nunca antes respirados ou pensar fora da curva tem grandes chances de encontrar pedras no caminho. No entanto, ninguém é digno de contribuir para a ciência se não usar suas dores e insônias nesse processo. Não há céu sem tempestade. Risos e lágrimas, sucessos e fracassos, aplausos e vaias fazem parte do currículo de cada ser humano, em especial daqueles que são apaixonados por produzir novas ideias.

4

Pare, observe-se, enxergue-se!

As estatísticas nos denunciam

Para muitos, incluindo médicos, advogados, jornalistas, policiais, professores e funcionários de empresas, a mente é um verdadeiro depósito de pensamentos perturbadores. Pesquisas recentes revelam que depois da covid-19 os índices de timidez na geração Z se agravaram, um resultado do distanciamento social somado ao crescente uso de smartphones e redes sociais.

Se considerarmos a Síndrome do Pensamento Acelerado como um transtorno de ansiedade, será difícil encontrar alguém que tenha saúde psíquica plena. A humanidade tomou o caminho errado. Estamos adoecendo rápida e coletivamente!

As pessoas que têm a SPA são frágeis? De modo algum! São elas desinteligentes? Em hipótese alguma! Elas têm habilidades como qualquer *Homo sapiens*, mas lhes falta a capacidade de proteger sua emoção e gerenciar seus pensamentos. E quem tem depressão e outros transtornos é frágil? Não! Sem dúvida os fatores metabólicos, como o déficit de serotonina, podem estar na gênese de muitas doenças depressivas; ainda assim, independentemente desses fatores, se o Eu estiver equipado para conhecer e desatar as armadilhas da mente, terá mais capacidade de proteger o território da emoção e ser autor da sua história.

Este livro não substitui a psiquiatria ou psicologia clínicas, mas as complementa por ser um programa de psicologia socioeducacional de desenvolvimento das habilidades psíquicas.

SPA ou hiperatividade?

Como disse, muitos neurologistas, psiquiatras, psicólogos e psicopedagogos, ao observar crianças e adolescentes agitados, inquietos, com dificuldade de concentração e rebeldes a normas sociais, chegam a diagnósticos errados, atribuindo tais comportamentos ao transtorno de déficit de atenção ou hiperatividade, quando a grande maioria desses pacientes é vítima da Síndrome do Pensamento Acelerado. Por não terem tido a oportunidade de pesquisar o processo de construção de pensamentos, os profissionais não sabem que, se superexcitarmos os "engenheiros" inconscientes que constroem pensamentos sem a autorização do Eu, facilmente desenvolvemos a SPA.

Essa perturbadora síndrome produz alguns sintomas semelhantes aos da hiperatividade, mas suas causas são diferentes. Na hiperatividade, há um fundo genético; frequentemente, um dos pais é hiperativo. Além disso, a agitação e a inquietação de uma pessoa hiperativa manifestam-se já na primeira infância, enquanto na SPA a inquietação é construída pouco a pouco, ao longo dos anos. Entre as causas da SPA estão o excesso de estimulação, de brinquedos, de atividades, de informação.

O tratamento também é diferente em alguns aspectos. Na SPA não há alteração metabólica. A falha é funcional e social, está ligada ao processo de formação da personalidade e ao funcionamento da mente e, portanto, deve ser corrigida com técnicas. Desacelerar a criança com SPA é fundamental. Encorajá-la, por exemplo, a desenvolver atividades mais lentas e lúdicas, como ouvir músicas tranquilas (música clássica), tocar instrumentos, pintar, praticar esportes, fazer teatro, pode ser muito útil. Crianças e adolescentes hiperativos também podem e devem aprender essas práticas. Prescrever indiscriminadamente ritalina e outras drogas para quem tem SPA pode ser um erro grave.

Tanto os jovens hiperativos quanto os portadores da SPA, se não aprenderem técnicas para gerenciar seus pensamentos e proteger sua emoção, poderão repetir erros, desacelerar sua maturidade, se tornar irritadiços, com baixo limiar para frustrações e baixa capacidade de se adaptar a contrariedades, sofrer de insatisfação crônica, além de ter o rendimento intelectual comprometido. Mas o que mais me preocupa na SPA, bem como na hiperatividade, é a retração de duas funções vitais para o sucesso social, profissional e afetivo: pensar antes de agir e colocar-se no lugar do outro (empatia). Desenvolvê-las é fundamental e deveria ser a meta de todas as escolas em todas as nações. Quem se preocupa com sua qualidade de vida e com a saúde emocional dos seus filhos e alunos deve estudar a SPA detalhadamente.

Nós, adultos, ainda que sem consciência, estamos cometendo um crime contra a saúde emocional dos pequenos. Publico meus livros em mais de sessenta países não em busca da fama, que é efêmera e superficial, mas para alertar a comunidade científica e a população em geral de que nessa sociedade fast-food, onde tudo é rápido e pronto, alteramos perigosamente o ritmo de construção de pensamentos, tema que aprofundo no meu mais recente best-seller *Intoxicação digital: como enfrentar o mal do milênio*. Como anda seu ritmo?

A SPA dificulta o processo de elaboração das informações como conhecimento, do conhecimento como experiência e da experiência como função complexa da inteligência, ou seja, pensar nas consequências, expor, e não impor, as ideias, colocar-se no lugar dos outros, proteger a emoção e, principalmente, gerenciar pensamentos.

Alguns jovens só conseguem perceber algo errado em sua vida quando se tornam adultos frágeis, dependentes, ansiosos, cujos sonhos foram enterrados nos becos da história. Alguns pais só conseguem perceber a crise familiar depois que suas relações com os filhos estão esfaceladas, sem respeito, afeto e amor. Alguns casais só percebem que sua relação está falida depois que vivem o inferno dos atritos. Alguns profissionais só conseguem perceber que não são produtivos, proativos, criativos depois que perderam o encanto pelo trabalho, quando estão na lama da frustração.

Observe que um simples barulho no carro já nos perturba e nos faz ir ao mecânico. Entretanto, muitas vezes, nosso corpo grita através de fadiga excessiva, insônia, compulsão, tristeza, dores musculares, dores de cabeça e outros sintomas psicossomáticos, e, mesmo assim, não procuramos ajuda. Você ouve o inaudível, a voz do seu corpo e da sua mente? Ou só o que é audível? Alguns só ouvem a voz dos seus sintomas quando estão num hospital, enfartados, quase mortos. Seja inteligente, respeite sua vida. Pare! Pense! Observe-se! Enxergue-se! Nenhum psiquiatra ou psicólogo pode fazer isso por você.

"Alguns só ouvem a voz dos seus sintomas quando estão num hospital, enfartados, quase mortos. Seja inteligente, respeite sua vida. Pare! Pense! Observe-se! Enxergue-se! Nenhum psiquiatra ou psicólogo pode fazer isso por você."

A vida é bela e breve como os orvalhos

Vivemos a vida como se ela fosse interminável. Mas entre a meninice e a velhice há um pequeno intervalo de tempo. Olhe para a sua história: não parece que você dormiu e acordou com essa idade? Para as pessoas superficiais, a rapidez da vida estimula a viver destrutivamente, sem pensar nas consequências dos seus comportamentos. Para os sábios, a brevidade da vida convida-os a valorizá-la como um diamante de inestimável valor.

Ser sábio não significa ser perfeito, não falhar, não chorar e não ter momentos de fragilidade. Ser sábio é aprender a usar cada dor como uma oportunidade para aprender lições, cada erro como uma ocasião para corrigir caminhos, cada fracasso como uma chance para recomeçar. Nas vitórias, os sábios são amantes da alegria; nas derrotas, são amigos da interiorização. Você é sábio? Viaja para dentro de si mesmo? A grande maioria de nós provavelmente conhece no máximo a antessala da própria personalidade.

Uma das maiores complexidades da psicologia é entender que a construção de pensamentos é multifocal, e não unifocal. Como vimos, de acordo com a Teoria da Inteligência Multifocal, isso significa que construímos pensamentos não apenas porque queremos construí-los conscientemente, pela decisão do Eu, mas também por meio de outros três fenômenos inconscientes: gatilho da memória (autochecagem), autofluxo e janelas da memória.

Todos nós, quando dirigimos um veículo, temos controle do acelerador, da direção, do freio e de outros dispositivos. Imagine que queiramos seguir uma trajetória, mas nosso carro segue outra; que desejamos virar para a esquerda, e o carro vira para a direita. Esse fenômeno, que parece assombroso, ocorre constantemente com o veículo da mente humana.

Nosso Eu não tem pleno controle dos instrumentos que constroem milhares de pensamentos diários. Por isso, ora ele é o protagonista, ora é mero espectador; ora ele constrói ideias belíssimas, ora é vítima de pensamentos angustiantes que não confeccionou. Essa dança intelectual entre ser diretor e espectador, motorista e passageiro, gerente e cliente, acompanha toda a nossa história. É por isso que afirmei que drama e comédia, risos e lágrimas, reações lúcidas e atitudes estúpidas fazem parte do nosso currículo.

Se voltarmos à metáfora do teatro para entender a mente humana, o Eu é ou deveria ser o ator principal do teatro psíquico, e os três fenômenos inconscientes que também constroem pensamentos deveriam trabalhar para o Eu brilhar, mas tais atores coadjuvantes teimam em roubar a cena. O maior desafio do Eu é deixar de ser um espectador tímido e assumir no palco seu papel fundamental como gestor da mente. Precisamos enfrentar o mal do século.

5

O gatilho da memória

A ansiedade vital

Os fenômenos que constroem cadeias de pensamentos estão num movimento contínuo e inevitável, num fluxo ininterrupto, num estado de ansiedade vital. A ansiedade vital, gerada pela solidão da consciência virtual, é saudável, pois movimenta todo o processo de construção do psiquismo, sejam pensamentos, ideias, personagens, ambientes, desejos, aspirações.

A ansiedade vital torna-se uma ansiedade doentia quando contrai o prazer de viver, a criatividade, a generosidade, a afetividade, a capacidade de pensar antes de reagir, a habilidade de se reinventar, o raciocínio multifocal, entre outros. Um dos mecanismos psíquicos que mais transformam essa ansiedade vital numa ansiedade asfixiante é a hiperconstrução de pensamentos. Quem tem uma mente agitada, quem é uma máquina de se informar e de pensar, ultrapassou os limites saudáveis da movimentação psíquica e desenvolverá a Síndrome do Pensamento Acelerado. A SPA é como um filme editado em altíssima velocidade. Só há apreço nos primeiros segundos, depois o desprazer atinge o espectador.

De acordo com a TIM, a ansiedade vital é um testemunho solene de que pensar não é apenas uma opção do *Homo sapiens*, mas inevitável. Se o Eu não construir cadeias de pensamentos numa direção lógica e coerente, fenômenos inconscientes as produzirão. A ansiedade vital estimula uma dança de fenômenos nos bastidores da nossa mente, mesmo quando dormimos. Os sonhos representam um reflexo dessa fascinante movimentação construtiva.

Gatilho ou fenômeno da autochecagem

O gatilho da memória é o primeiro fenômeno que se apresenta na dança dos fenômenos inconscientes que constroem pensamentos. Ele é acionado quando entramos em contato com cada estímulo extrapsíquico (luz, sons, estímulos táteis, gustativos, olfativos) ou intrapsíquico (imagens mentais, pensamentos, fantasias, desejos, emoções) e inclusive com determinados estímulos orgânicos (substâncias metabólicas, déficit de neurotransmissores, drogas psicoativas).

O gatilho atua em milésimos de segundo, sem que nosso Eu tenha consciência da sua operacionalidade. É ele quem abre as janelas da memória, ativando a interpretação imediata e a consciência instantânea. O leitor sabe nesse exato momento quem é, onde está, o que está fazendo, sua posição espaçotemporal, não por causa da ação consciente e programada do seu Eu, mas porque o gatilho da memória está ancorado em centenas de janelas que sustentam essa percepção instantânea. Você nunca ficou admirado com esse processo?

Em uma aula ou conferência de uma hora, é possível que o gatilho da memória seja detonado milhares de vezes para abrir milhares de janelas à compreensão imediata de cada verbo, substantivo, adjetivo, pronome. Todos os dias, vemos milhares de imagens que são interpretadas rapidamente pelo acionamento do gatilho da memória e as consequentes aberturas das janelas. Por isso, esse fenômeno também é chamado de autochecagem da memória.

Portanto, as primeiras impressões e interpretações dos milhares de estímulos que percebemos, ainda que se tornem conscientes, são patrocinadas por fenômenos inconscientes. A ação destes ocorre no primeiro ato do teatro mental. Compreendemos as palavras escritas ou faladas não pela ação consciente, programada e diretiva do Eu, mas pelo pacto do gatilho com as janelas da memória.

Se dependesse do Eu encontrar cada janela a partir dos estímulos com que temos contato, não teríamos uma resposta inicial tão rápida, não seríamos a espécie pensante que somos. A ação do gatilho da memória é fenomenal. Ele checa os estímulos em bilhões de dados na base da memória com uma rapidez surpreendente. Você acabou de ler minhas palavras através da ação, quase na velocidade da luz, desse magno fenômeno. Sem ele, o Eu ficaria confuso e não identificaria linguagens, sons e imagens dos mais diversos ambientes. Não seria um leitor.

O gatilho da memória e suas masmorras

Sem o pacto do gatilho com as janelas da memória, reitero, não seríamos uma espécie pensante. No entanto, com esse pacto, podemos também ser uma espécie aprisionada. Todas as fobias, como a fobia social, a claustrofobia, a acrofobia (medo de altura), são decorrentes dele. As obsessões e a dependência de drogas também têm como protagonista o gatilho, que abre janelas killer imediatamente.

Se, por um lado, o gatilho da memória é um grande auxiliar do Eu, por outro, pode ser seu grande algoz. Por abrir janelas doentias, pode levar a atos falhos ou a interpretações distorcidas, asfixiantes, superficiais ou preconceituosas.

Quem tem claustrofobia, embora não conheça o pacto entre o gatilho e as janelas killer da memória, sabe como esse medo é cruel, ainda que, sem dúvida, possa ser superado. As ferramentas que serão aqui expostas oferecem uma contribuição ao processo psicoterapêutico.

Quando um portador de claustrofobia entra num elevador, um aperto no peito, um movimento do aparelho ou uma sensação de falta de ar fazem com que o gatilho abra rapidamente janelas killer que traduzem que o elevador parará e ele poderá morrer. O volume de tensão decorrente dessa janela bloqueia o acesso a milhares de informações, gerando a Síndrome do Circuito Fechado da Memória. O Eu, portanto, entra numa armadilha psíquica para a qual não se programou, o que obstrui sua lucidez e sua coerência.

Tive o privilégio de descobrir essa síndrome e o dissabor de saber que ela está na base de fobias, farmacodependências, obsessões, depressão, homicídios, suicídios, guerras, genocídios, exclusão social e até do baixo rendimento intelectual.

Certa vez, um aluno brilhante foi mal numa prova. Ele havia estudado, sabia a matéria, mas ficou tenso e, sem conseguir recordar as informações, teve um péssimo desempenho. O professor o criticou, ele ficou abalado e registrou essa frustração. Estudou mais ainda para a prova seguinte. Quando chegou o dia, o gatilho da memória entrou em cena e abriu a janela killer que continha o arquivo do medo de falhar.

O resultado? Foi vítima da Síndrome do Circuito Fechado da Memória. Não conseguiu abrir os demais arquivos que continham as informações que havia estudado. Teve ansiedade intensa e um péssimo rendimento intelectual. Toda vez que ia fazer uma prova, o pacto entre o gatilho da memória e as janelas killer era um drama. Acabou jubilado depois de anos de péssimo desempenho nas provas. Um ato grave contra sua inteligência. Muitos gênios são tratados como deficientes mentais por causa desses perniciosos mecanismos.

Como professores e psicopedagogos em quase todo o mundo praticamente desconhecem o pacto entre o gatilho e as janelas da memória, não conseguem contribuir com esses alunos. Nesse caso em particular, o jovem só conseguiu se superar, estruturar sua autoestima, brilhar em seu raciocínio e no desempenho das provas quando aprendeu a resgatar a liderança do Eu. Enfim, quando aprendeu a gerenciar os pensamentos e proteger sua emoção.

A educação clássica

A ironia do destino é que ele não é inevitável, mas uma questão de escolha. Quando o Eu crê nessa tese e resolve tomar as rédeas do destino em suas mãos, sua personalidade já está estruturada e a "cidade da memória" já tem seus núcleos de habitação bem definidos. Desmontá-los, reurbanizá-los, reorganizá-los é uma tarefa possível, porém complexa. Imagine a dificuldade de reformar uma casa para entender a complexidade de reescrever nossa memória. Quem já reformou sua residência sabe o trabalho que dá.

Quem já fez tratamento psiquiátrico e psicoterapêutico sabe que superar conflitos não é um processo rápido como uma cirurgia. Mas, claro, não estamos de mãos atadas, podemos reciclar e reeditar as janelas traumáticas, uma tarefa que exige técnicas para o Eu se equipar como autor da própria história, o que demanda uma nova agenda, fundamentada em metas e prioridades a médio e longo prazo.

Por exemplo, pense numa pessoa vítima de fobia social, que tem marcante medo de falar em público. Certo dia, ela resolve virar a mesa e debater suas ideias destemidamente. Seu comportamento, por mais heroico que seja, está correto, mas, se for isolado, formará apenas janelas solitárias, e não núcleos da habitação do Eu, ou uma plataforma de janelas light.

Dias depois, quando enfrentar uma nova plateia, enfim, quando atravessar um novo foco de tensão, o fenômeno do gatilho terá grande chance de não conseguir encontrar, em meio a dezenas de milhares de janelas, aquela que financiou sua isolada ousadia. Mas terá grande chance de encontrar as inumeráveis janelas killer que financiavam sua insegurança, seu medo de falhar, sua preocupação excessiva com sua imagem social. Tais janelas poderão fechar o circuito da memória, aprisionando e silenciando o Eu. Reproduzindo, assim, sua fobia social. Para superá-la, todos os dias ele deve criticar e reciclar seus medos e suas preocupações. Assim formará um núcleo saudável de habitação do Eu para ser protagonista da sua história.

6

As janelas da memória: o armazém de informações

Definição

As janelas da memória são áreas de leitura da memória num determinado momento existencial. São arquivos em que o Eu, o gatilho e o autofluxo se ancoraram para ler, utilizar as informações e construir o mais incrível dos fenômenos: o pensamento.

Nos computadores, temos acesso a todos os campos da memória digital; na memória humana, temos acesso a áreas específicas, que chamo de janelas. Uma janela é como se fosse uma residência. Cada residência tem características básicas que a definem, como arquitetura, espaço, quadros, roupas, eletrodomésticos. Do mesmo modo, as janelas da memória têm centenas ou milhares de informações que as caracterizam.

Deslocamento da personalidade

No livro *Armadilhas da mente*, comentei que a intencionalidade não muda a personalidade. É provável que todos nós, cedo ou tarde, já tenhamos tentado mudar alguma característica doentia da personalidade e falhado. Até psicopatas tentam se refazer em algum momento, mas falham. Existe um consenso na psicologia de que a personalidade não muda. Na realidade, esse consenso, que alguns consideram uma tese, não tem fundamento, não se sustenta. A personalidade não é rígida, não é linear; ela está em processo de mudança, ainda que seja na forma de microtransformações. A personalidade se desloca ou se transforma quando se muda a base das janelas da memória e quando o Eu é equipado para ser líder de si mesmo.

Os ataques de pânico, por exemplo, têm grande chance de descolar a formação da personalidade, porque formam janelas killer poderosas, encarcerantes, capazes de constituir um núcleo de habitação que sequestra o Eu. A pessoa que vivenciou uma síndrome do pânico (ataques repetidos pelo menos uma vez por semana) nunca mais será a mesma. Poderá se tornar um ser humano muito melhor, mais dosado, sereno, altruísta, após a superação da síndrome, mas as mudanças estruturais da personalidade indicam que sairá do processo diferente. Uma pessoa que passou por uma guerra e vivenciou atrocidades sairá com deslocamentos importantes em sua personalidade.

A intencionalidade do Eu não muda a personalidade

Se a personalidade é mutável, por que, então, não é fácil mudar características doentias como mau humor, impulsividade, baixo limiar para frustrações, timidez? Porque a intenção ou o desejo de mudança produz uma janela solitária e, além disso, frequentemente "pobre", com poucos recursos.

Uma característica de personalidade precisa de um núcleo de habitação do Eu, uma plataforma de janelas, um "bairro" todo na cidade da memória para ter sustentabilidade, enfim, para ser encontrada espontaneamente pelos fenômenos inconscientes, como o gatilho da memória.

Uma pessoa é tímida ou ousada não porque seu Eu o determina, mas porque há milhares e milhares de janelas espalhadas nos campos de sua memória. O impulsivo, do mesmo modo, tem imensas plataformas de janelas em seu córtex cerebral que são facilmente encontradas e o levam a reagir do modo bateu-levou.

Dependentes de drogas

Quem é dependente de drogas não se torna um encarcerado pela droga química em si, mas pelo arquivamento das experiências que tem com ela. Com o passar do tempo, o problema não é mais a substância psicoativa, mas a masmorra construída dentro do Eu, financiada pelas inumeráveis janelas killer espalhadas por sua memória.

Pessoas dependentes recaem com facilidade porque, ainda que tenham tido sucesso num tratamento, na realidade reeditaram apenas uma parte das janelas traumáticas que contêm a representação da droga. Outras janelas doentias permanecem "vivas", capazes de ser encontradas durante um foco de tensão e financiar uma nova compulsão.

Existe um conceito falso de que um dependente de drogas ou álcool será dependente a vida toda – essa é, inclusive, uma das proposições dos Alcoólicos Anônimos (AA) e de muitos psiquiatras. Em tese, é possível, sim, deixar de ser dependente. Para isso, é preciso reeditar todas as janelas traumáticas ou killer, o que é uma tarefa difícil, pois elas não aparecem durante o tratamento.

Embora o conceito seja falso (de que o dependente será sempre dependente), ele é útil para o Eu viver sempre em estado de alerta, pois numa crise, perda ou frustração o gatilho da memória poderá encontrar as janelas doentias que ainda não foram reeditadas. E, nesse caso, se o Eu não proteger a emoção nem gerenciar seus pensamentos, poderá recair e se autodestruir novamente. Se o Eu for conscientizado sobre as armadilhas da mente e equipado para pilotá-la, poderá, em vez de se punir e autodestruir, usar a recaída para dar uma nova chance para si mesmo, ser mais seguro e reescrever as janelas que o enredaram.

O sonho é construir bairros na memória

Usando a metáfora da cidade, são os bairros, e não as residências solitárias, que definem e representam as características da personalidade. A maioria dos seres humanos leva para o túmulo as características da sua psique que mais detestam porque não constroem uma agenda para "reurbanizar" os bairros da sua memória que contêm esgoto a céu aberto, praças mal iluminadas, ruas esburacadas, casas em ruínas.

Essas pessoas não sabem que, apesar do desejo efetivo de mudança, estão produzindo janelas solitárias, as quais, quando atravessam um foco de tensão, ficam inacessíveis. Nem o Eu e muito menos o fenômeno do gatilho da memória as encontram; portanto, não conseguem dar sustentabilidade às mudanças que desejam.

Tais pessoas vivem prometendo para si e para todos que vão mudar, que serão mais pacientes, seguras, proativas, generosas, afetivas, autocontroladas. Algumas choram e entram em desespero, mas continuam as mesmas. Não entendem que a maturidade psíquica não exige que sejamos heróis, mas seres humanos com uma humildade inteligente, capazes de reconhecer nossa pequenez e imaturidade e construir uma nova estratégia, uma plataforma de janelas saudáveis, um novo "bairro" em nossa memória. O heroísmo deve ser enterrado.

Como estudaremos, o grande desafio do ser humano é abrir o máximo de janelas num determinado momento existencial para raciocinar com maestria. Entretanto, infelizmente, se encontramos janelas traumáticas, podemos experimentar a Síndrome do Circuito Fechado da Memória e impedir o acesso do Eu a milhões de dados. Essa síndrome nos faz reagir instintivamente, como animais irracionais, e, desse modo, leva-nos a ser vítimas de ataques de raiva, ciúme, fobias, compulsão, necessidade neurótica de poder, de controle dos outros, de perfeição. Que estratégia você usa para ser autor da sua história?

7

Tipos de janelas da memória

Janelas neutras, killer e light

Janelas neutras

Correspondem a mais de 90% de todas as áreas da memória. Contêm milhões de informações "neutras", em tese, sem conteúdo emocional, tais como números, endereços, telefones, informações escolares, dados corriqueiros, conhecimentos profissionais.

Todas as informações existenciais registradas no córtex cerebral, desde a aurora da vida fetal até o último fôlego, estão nessas janelas. Devemos então fazer uma pergunta: essas informações acumuladas são apagadas ou substituídas espontaneamente com o tempo?

É difícil dizer se são substituídas ou ficam inacessíveis. Como o fenômeno Registro Automático da Memória arquiva milhares de informações por dia, milhões por ano, é factível que uma parte seja necessariamente substituída. O "passado" é reorganizado pelo "presente", o "fui" pelo "sou". Mas, muito provavelmente, milhões de dados do passado, organizados eletronicamente nas células do córtex cerebral, ficam arquivados não no centro consciente, que chamo de Memória de Uso Contínuo (MUC), e sim na imensa periferia da memória, que chamo de Memória Existencial (ME).

Tenho segurança em dizer isso porque, quando uma pessoa atravessa uma degeneração cerebral, como o mal de Alzheimer, áreas importantes da MUC são desorganizadas ou apagadas. E, ao mesmo tempo que ocorre esse acidente intelectual, liberta-se o acesso a informações antes "quase" inacessíveis, como as da primeira infância, o que leva o paciente a ter recordações e atitudes inerentes a esse período.

Janelas killer

Correspondem a todas as áreas da memória que têm conteúdo emocional angustiante, fóbico, tenso, depressivo, compulsivo. São as janelas traumáticas ou zonas de conflito. *Killer*, em inglês, significa "assassino". Assim, como o próprio nome diz, são janelas que assassinam não o corpo, mas o acesso à leitura de inúmeras outras janelas da memória, dificultando ou bloqueando respostas inteligentes em situações estressantes.

Quando o gatilho encontra tais janelas – uma janela fóbica, por exemplo –, por mais absurdo que seja o objeto fóbico (um beija-flor ou uma borboleta), o volume de tensão é tão grande que bloqueia o acesso a milhares de janelas, fazendo que o Eu seja prisioneiro dentro de si mesmo, incapaz de dar uma resposta lógica. Por isso, mesmo intelectuais, quando estão sob um ataque de pânico ou outra fobia, ficam irreconhecíveis, têm reação desproporcional, incoerente e ilógica.

Janelas killer são janelas que controlam, amordaçam, asfixiam a liderança do Eu. Há vários subtipos de janelas killer, como as janelas do mau humor, ciúme, raiva, pessimismo, impulsividade, alienação, fobias, excesso de autoconfiança e dependência.

Algumas janelas não são apenas traumáticas, são estruturais ou "duplo P" e sequestram o Eu do sujeito. Duplo P quer dizer duplo poder: poder de encarcerar o Eu e poder de expandir a própria janela ou a zona de conflito; em outras palavras, o poder de adoecer o ser humano. As janelas killer duplo P são construídas a partir de estímulos intensamente estressantes, como traição, humilhação pública, ataques de pânico, falência financeira.

Devemos nos mapear e perguntar quais são as janelas killer mais importantes que furtam nossa tranquilidade, nosso prazer de viver, nossa saúde emocional, nossa criatividade, nosso autocontrole. Devemos fazer incursões com coragem em nossa psique e indagar se temos janelas killer duplo P que amordaçam nosso Eu e asfixiam nossas habilidades emocionais e intelectuais. Todos devemos saber que não é possível deletar as janelas killer, mas é possível reescrevê-las.

Janelas light

Correspondem a todas as áreas de leitura que contêm prazer, serenidade, tranquilidade, generosidade, flexibilidade, sensibilidade, coerência, ponderação, apoio, exemplos saudáveis. As janelas light, como seu significado em inglês (luz, acender) indica, "iluminam" o Eu para o desenvolvimento das funções mais complexas da inteligência: capacidade de pensar antes de reagir, colocar-se no lugar do outro, resiliência, criatividade, raciocínio complexo, encorajamento, determinação, habilidade de recomeçar, proteger a emoção, gerenciar pensamentos.

O Eu entra no palco quando o "circo" está armado

Vou comentar algo seriíssimo sobre por que somos uma espécie que facilmente adoece em sua psique e macula sua história. O fenômeno RAM arquiva todas as experiências que vivenciamos, sejam elas prazerosas ou angustiantes. Ele forma e preenche as janelas da memória que serão a base de sustentação e formação do Eu, que, como vimos, representa nossa consciência crítica e capacidade de escolha.

Quando o Eu está relativamente maduro, no final da adolescência, e, portanto, relativamente capaz de filtrar estímulos estressantes e de escrever a sua história, ele já é refém de seu passado, de milhares de janelas com milhões de experiências. E nada disso pode ser deletado, apenas reeditado, o que indica a dantesca dificuldade de mudar a base do que somos. Enfim, quando o Eu adulto tem consciência crítica como ser único, a "cidade da memória" está bem organizada, com núcleos de habitação que já dão sustentabilidade às principais características básicas da personalidade, como timidez, ousadia, sensibilidade, impulsividade, flutuação emocional, humor, determinação, insegurança, raciocínio esquemático. Sem uma educação profunda, o Eu, na plenitude da sua liberdade, viverá numa masmorra! Pense na timidez, que atinge cerca de 80% dos jovens. O Eu pode reciclá-la, mas é um processo mais difícil que a mais delicada cirurgia corpórea.

Por isso advogamos que o Eu pode e deve aprender, desde a mais tenra infância, as ferramentas para se autocontrolar. Ou seja, à medida que é formado, deve se tornar também um formador; à medida que é educado, deve se tornar também um educador da emoção e gerenciador dos pensamentos.

A educação clássica ensina aos alunos, da pré-escola à pós-graduação, milhões de informações sobre o mundo em que vivemos, do imenso espaço até o átomo, mas não ensina quase nada sobre o planeta psíquico, sobre os fenômenos que nos tornam seres pensantes.

É por isso que tal educação, que antes preparava para a vida, hoje, nesta sociedade hipercompetitiva e saturada de informação, forma, com as devidas exceções, meninos com diplomas nas mãos, sem proteção emocional, sem habilidades para lidar com perdas e frustrações, sem a capacidade mínima de filtrar estímulos estressantes e de ser líderes de si mesmos. Perceba que estou falando mais do que de valores; estou falando das funções fundamentais do Eu como autor da sua história.

Mas esse tipo de educação é de responsabilidade dos pais ou da escola? De ambos. Não podemos lotear os alunos. Pais e educadores têm responsabilidades sobre o futuro emocional, social e profissional dos seus educandos. Muitos pais terceirizam a educação, atribuindo à escola uma responsabilidade que também é deles, o que é um erro imperdoável. Entretanto, a maioria das escolas se esquiva de assumir sua parte nesse processo. Reitero: elas se encarregam de transmitir milhões de dados sobre o mundo em que estamos, mas frequentemente se calam sobre o mundo que somos.

> "A educação clássica ensina aos alunos, da pré-escola à pós-graduação, milhões de informações sobre o mundo em que vivemos, do imenso espaço até o átomo, mas não ensina quase nada sobre o planeta psíquico, sobre os fenômenos que nos tornam seres pensantes."

Os exemplos gritam mais que as palavras

Provavelmente, mais de 90% da influência que os pais exercem no processo de formação da personalidade dos seus filhos se deve *não* àquilo que falam, corrigem, apontam, mas àquilo que são, pelos comportamentos que expressam espontaneamente e que são fotografados pelo fenômeno RAM dos filhos. Quando os pais corrigem erros dos seus filhos, forma-se uma janela light solitária, e isso somente se a correção for inteligente. Porém, como vimos, as janelas solitárias não estruturam a personalidade, não formam um núcleo de habitação do Eu. Faz-se necessária uma plataforma de janelas.

Muitos pais perdem o respeito e a capacidade de educar porque não entendem que os comportamentos espontâneos de seus filhos formarão grande parte dessas plataformas de janelas. Pais que querem ensinar seus filhos a ser pacientes mas eles mesmos são impulsivos, ou ensiná-los a ser flexíveis quando eles mesmos são engessados e rígidos terão pouco sucesso. O exemplo não é apenas uma boa forma de educar; é a mais poderosa e eficiente. O exemplo grita mais do que as palavras.

Um grande executivo conquista a admiração e influencia seus liderados muito mais pelos seus comportamentos do que pelas suas palavras. Quem trai suas palavras com suas ações precisa aumentar o tom de voz e exercer pressão para ser ouvido. É, portanto, um péssimo líder. Devemos ser plantadores de janelas light para contribuir para a formação de mentes livres e emoção saudável.

A reformulação do papel da escola

A escola deve ser um complemento à educação familiar. E, para isso, os professores precisam saber educar a emoção e trabalhar as funções mais importantes da inteligência para formar pensadores, e não repetidores de informações.

Pensadores filtram o que ouvem; repetidores de informações obedecem a ordens, têm baixo nível de consciência crítica e autonomia. Veja o caso da Alemanha pré-nazista. Os alemães ganharam um terço dos prêmios Nobel na década de 1930 do século XX. O país tinha a melhor educação clássica: a melhor matemática, física, química, engenharia. Entretanto, isso não foi suficiente para expurgar Hitler, um homem inculto, rude, tosco, mas, ao mesmo tempo, teatral. Quando ele surgiu no cenário com Goebbels, Himmler, Göring e outros, e, junto com eles, começou seu *marketing* de massa, seduziu a juventude alemã. O Eu do povo alemão perdeu a autonomia.

Numa situação especial, capitaneada por insegurança alimentar, fragmentação política, alto índice de desemprego (30%), humilhação e pesadas indenizações aos vencedores da Primeira Guerra, impostas pelo Tratado de Versalhes, um *pool* de janelas killer dominava o inconsciente coletivo dos alemães, comprometendo sua consciência crítica. A educação clássica, embora notável, não produziu pensadores coletivamente para rejeitar ou filtrar drasticamente o *marketing* de massa. Um jovem alemão daquele tempo sonhava, amava e se aventurava como os jovens de hoje, mas, depois de anos bombardeado pelas campanhas nazistas, sua mente estava tão adestrada que ele poderia ser capaz de matar uma criança judia por não tirar o boné na sua presença e, minutos depois, se preparar para assistir a um concerto musical.

Como comento no livro *O colecionador de lágrimas* e em destaque no romance psiquiátrico/histórico *Em busca do sentido da vida*, Hitler e Goebbels devoraram primeiro o inconsciente coletivo dos alemães para, depois, "devorarem" judeus, marxistas, eslavos, ciganos, homossexuais e outras minorias. Tive a oportunidade de discutir esse tema num debate com alemães notáveis, numa Alemanha que hoje é um exemplo de país que respeita os direitos humanos. Quem imaginaria que a nobre Alemanha de Kant e Hegel seria protagonista daquela atrocidade?

Mas a pergunta que não pode se calar hoje é: com o tipo de educação clássica atual, que forma repetidores de informações, é fissurada pelas redes sociais e atingida frontalmente pela SPA, estamos preparados para não repetir tais atrocidades quando uma nova onda de janelas killer, capitaneada por aquecimento global, insegurança alimentar e escassez de recursos naturais, abater o inconsciente coletivo da humanidade? Minha resposta, infelizmente, é "não". Formar pensadores e educar a emoção é vital e urgente.

8

O fenômeno do autofluxo e o Eu

Autofluxo é um fenômeno inconsciente de inigualável importância para o intelecto humano. O Eu faz uma leitura lógica, dirigida e programada da memória, ainda que algumas vezes seja distorcida e destituída de profundidade. A leitura do autofluxo é diferente da do Eu. O autofluxo faz uma varredura inconsciente, aleatória, não programada dos mais diversos campos da memória, produzindo pensamentos, imagens mentais, ideias, fantasias, desejos e emoções. E um dos grandes objetivos desse fenômeno inconsciente é produzir a maior fonte de entretenimento, distração, motivação e inspiração do *Homo sapiens*.

Não entrarei em detalhes aqui, mas, além de gerar a maior fonte de entretenimento humano, o autofluxo tem outra função vital: ler e retroalimentar as janelas da memória desde o útero materno a fim de armazenar milhões de dados para o desenvolvimento do pensamento na primeira infância. Freud foi quem descobriu o inconsciente ou, pelo menos, foi o primeiro grande porta-voz da existência do inconsciente. No entanto, ele não teve a oportunidade de estudar o mais notável dos fenômenos inconscientes, o autofluxo, sua riquíssima operacionalidade e seus papéis fundamentais. Freud discorreu sobre o princípio do prazer como mola mestra da movimentação do psiquismo. Dos bebês aos idosos, todos são famintos de prazer, mas a maior fonte de prazer é ou deveria ser o fenômeno do autofluxo. Quando essa fonte falha, as consequências são sérias, e um estado de infelicidade inexplicável surge no cenário psíquico.

Como fonte interna ou intrapsíquica de lazer, o fenômeno do autofluxo leva-nos diariamente a ser viajantes em nosso imaginário, sem compromisso com o ponto de partida, a trajetória e o ponto de chegada. Todo dia, cada ser humano "ganha" vários "bilhetes" para viajar pelos seus pensamentos, suas fantasias, penetrando em seu passado e especulando sobre seu futuro.

Um fenômeno belíssimo

Você nunca ficou surpreso ao detectar como nossa mente é criativa? Mesmo os ermitãos viajam em pensamento. Os monges, por mais isolados que fiquem, não conseguem fugir dos personagens que criam. Um paciente portador de uma psicose, por mais que tenha perdido os parâmetros da realidade, tem uma mente fertilíssima, cria fantasmas que o assombram.

Todos somos engenheiros de pensamentos, dos sábios aos "loucos". Por isso, discriminar seres humanos é uma estupidez intelectual. Além disso, o culto à celebridade é uma infantilidade emocional. Todos somos célebres cineastas em nossa mente, ainda que alguns sejam especialistas em produzir filmes de terror.

Observe a borbulhante criatividade em nossos sonhos. O responsável? O fenômeno do autofluxo. Ele faz uma varredura na memória, lendo janelas atuais e antigas, juntando peças com incrível rapidez e criatividade, gerando uma celeuma de personagens que se envolvem nas mais fascinantes aventuras e ambientes. Desse modo, mantém vivo o fluxo das construções intelectoemocionais. O autofluxo pode ser gerenciado, mas jamais será plenamente controlável; ele é o representante máximo da ansiedade vital.

Sem a existência do fenômeno do autofluxo, nossa espécie desenvolveria um tédio mordaz, uma depressão coletiva, uma total falta de sentido existencial. Como comentei, quando esse fenômeno falha em produzir uma fonte de prazer e motivação, a rotina torna-se asfixiante, surge uma angústia não explicada por fenômenos sociais e por traumas da personalidade. Há pessoas que têm bons amigos, filhos, parceiro(a), sucesso financeiro e profissional, motivos de sobra para festejar a existência, porém são mal-humoradas e insatisfeitas. A causa? O fenômeno do autofluxo não tem uma produção intelectoemocional capaz de inspirá-las a sentir o pulsar da vida como um espetáculo imperdível.

Em muitos casos, o ponto de partida para a leitura realizada pelo fenômeno do autofluxo são as janelas abertas pelo gatilho da memória. Por exemplo, quando uma pessoa claustrofóbica pisa em uma aeronave, seu gatilho dispara, abrindo a janela traumática que contém o medo de que faltará ar ou de que o avião cairá. Por sua vez, o fenômeno do autofluxo se ancora nessa janela killer e começa a produzir um filme espantoso, construindo centenas de pensamentos perturbadores, levando o passageiro a ter crise de ansiedade (SPA) diante de pequenas turbulências. E o Eu, onde fica nesse processo? Paralisado. Se reagisse, se impugnasse o filme de terror mental, como descreverei nas técnicas sobre o gerenciamento da SPA, teria chance de ser livre.

Há executivos que dirigem com segurança uma empresa com milhares de funcionários, mas têm fobia de avião. Entram em estado de pânico toda vez que têm de viajar. Dirigir a mente humana é mais complexo do que dirigir a maior empresa mundial. Precisamos de ferramentas educacionais e treinamentos inteligentes.

É surpreendente a enorme facilidade que o ser humano tem para criar fantasmas e fazer o velório antes do tempo. Espero que você não tenha desenvolvido essa habilidade.

Se esse for o seu caso, seu Eu terá de aprender com maestria a pilotar a aeronave mental e, para isso, terá de deixar de ser um mero passageiro.

O Eu e seus papéis fundamentais

Usamos a palavra "eu" cotidianamente, sem ter compreensão de sua dimensão, suas habilidades e funções vitais. O Eu é o centro da personalidade, o líder da psique ou da mente, o desejo consciente, a capacidade de autodeterminação e a identidade fundamental que nos torna seres únicos. Como a definição do Eu é ampla e suas funções ou papéis fundamentais são múltiplos, vou sistematizá-los.

Há pelo menos 25 papéis vitais. Não basta o Eu ser tranquilo, ele precisa desenvolver suas funções fundamentais para que possa honrar sua condição de *Homo sapiens*, um ser pensante. Não poucos profissionais e intelectuais, inclusive com títulos de doutor ou pós-doutor, têm um Eu não estruturado, intolerante a frustrações e, embora tenham notável cultura, embora sejam louvados pela academia, não podem ser contrariados, não sabem dar um choque de gestão em seus pensamentos nem filtrar minimamente estímulos estressantes e mapear suas mazelas. Sua mente é terra de ninguém, não tem seguro. E a sua mente, leitor, é protegida?

Acredito que a grande maioria das pessoas de todos os povos e culturas tenha menos de 10% dessas funções bem trabalhadas. Ao usar a Teoria da Inteligência Multifocal para estudar tais funções do Eu, fiquei decepcionado comigo, reconheci minha pequenez, me reciclei e me coloquei como um eterno aprendiz.

Funções do Eu como gestor dos pensamentos

1. Autoconhecer, mapear suas mazelas psíquicas e superar a necessidade neurótica de ser perfeito.
2. Ter consciência crítica e exercer a arte da dúvida sobre tudo o que o controla, em especial as falsas crenças.
3. Ser autônomo, aprender a ter opinião própria e fazer escolhas, mas saber que todas as escolhas implicam perdas.
4. Ter identidade psíquica e social e superar a necessidade neurótica de poder.
5. Gerenciar os pensamentos e qualificá-los para não ser escravo das ideias que ruminam o passado ou antecipam o futuro.
6. Qualificar as imagens mentais e libertar o imaginário para ser inteligente nos focos de tensão.

7. Gerenciar a emoção, protegê-la como a mais excelente propriedade e filtrar estímulos estressantes.
8. Superar a necessidade neurótica de mudar o outro (ninguém muda ninguém) e aprender a contribuir com ele, surpreendendo-o.
9. Criar pontes sociais: saber que toda mente é um cofre, que não há mentes impenetráveis, mas chaves erradas.
10. Aprender a dialogar e transferir o capital das experiências, e não apenas comentar o trivial ou ser um manual de regras. Quem é apenas um manual de regras está apto a lidar com máquinas, e não a formar pensadores.
11. Reciclar influências genéticas instintivas (raiva, punição, agressividade, competição predatória) que nos tornam *Homo bios* para enriquecer o *Homo sapiens*.
12. Reciclar a influência do sistema social que nos torna meros números no tecido social, e não seres humanos complexos.
13. Reeditar as janelas killer, sabendo que deletar a memória é uma tarefa impossível.
14. Fazer a mesa-redonda com os "fantasmas" mentais para construir janelas paralelas ao redor do núcleo traumático ou killer.

15. Pensar antes de reagir e raciocinar multifocalmente; não ser escravo das respostas, mas em primeiro lugar ser fiel à própria consciência.
16. Colocar-se no lugar do outro para interpretá-lo com maior justiça a partir dele mesmo.
17. Desenvolver altruísmo, solidariedade e tolerância, inclusive consigo mesmo.
18. Desenvolver resiliência: trabalhar perdas e frustrações e reciclar o conformismo e a autopiedade.
19. Gerenciar a lei do menor e do maior esforço; saber que a mente humana tende a seguir o caminho mais curto, como julgar, excluir, negar, eliminar (lei do esforço menor), mas a maturidade recomenda o caminho mais inteligente e elaborado (lei do esforço maior).
20. Pensar como humanidade, e não apenas como grupo social, nacional, cultural, religioso.
21. Dar choque de gestão no fenômeno do autofluxo. Deixá-lo livre desde que ele não se ancore em janelas killer ou acelere a construção de pensamentos.
22. Gerenciar a SPA para não ser uma máquina de pensar e de gastar energia cerebral inútil.
23. Dar um choque de gestão no pacto entre o gatilho da memória e as janelas da memória.
24. Aprender a não ser vítima da Síndrome do Circuito Fechado da Memória e do fenômeno ação-reação.

25. Educar-se com todas as 24 funções mais complexas da inteligência citadas acima para desenvolver a mais notável delas: ser o autor da própria história ou gestor da sua mente.

Sonho que, em todas as escolas do mundo – do ensino fundamental ao ensino médio –, essas funções sejam trabalhadas sistematicamente. Sonho que todas as universidades, e não apenas as de psicologia, vivencie-nas durante todo o curso.

Embora os professores sejam, em minha opinião, os profissionais mais importantes e desvalorizados da sociedade, um dos meus gritos de alerta é que o sistema educacional mundial está agonizante, formando alunos imaturos e despreparados para ser líderes de si mesmos numa sociedade digital. Ele entulha os alunos com milhões de dados sobre o mundo objetivo e não trabalha sistematicamente as funções do Eu no mundo subjetivo. O que eles fazem com as vaias e os vexames? Com os desafios e as frustrações? E com as lágrimas e traições, ou os fantasmas alojados no inconsciente? Como mapeiam a psique? Como reciclam as necessidades neuróticas? Como desaceleram e desentulham sua mente? Como desarmam as janelas killer? Não sabem. Quando acertam, fazem-no intuitivamente, pois não foram educados para gerir a mente.

Um alemão especialista em comunicação social, após ouvir minha aula sobre os bastidores da mente, disse publicamente: "Eu não tenho janela killer, eu sou uma janela killer. Infelizmente, nunca aprendi a reeditá-las, sempre tentei apagar minha memória. Usei mecanismos que nunca funcionaram".

Certa vez, fui convidado pela Marinha para falar a líderes entre os fuzileiros navais sobre a Teoria da Inteligência Multifocal e o processo de formação de pensadores, e um brilhante almirante, após a preleção, comentou: "Nossos fuzileiros são especialistas em engenharia naval, química, mecânica, enfim, em lidar com dados lógicos, mas nossos currículos precisam ser reciclados para contemplar o desenvolvimento do Eu e suas funções vitais. Eles precisam aprender a lidar com as intempéries da vida, com os conflitos sociais e emocionais e, mais do que qualquer coisa, aprender a tomar decisões inteligentes em situações de risco". Ele entendeu plenamente o conteúdo da conferência.

Em outra ocasião, uma jovem universitária me procurou dizendo que sua mãe tinha se suicidado havia dois meses. O mundo desabara sobre ela. Não olhava nos olhos de ninguém, estava abatida, deprimida, não saía de casa, abandonara as aulas, fechara-se em seu calabouço. Dizia ser a pessoa mais solitária da Terra. Comentou que a relação com sua mãe era ótima, embora com seu pai fosse distante e conflitante. Seu pai era infiel à sua mãe.

Ela ainda me contou que várias pessoas de sua família já haviam se suicidado. Fiquei preocupado que ela, deprimida, angustiada, sem as funções vitais do Eu para gerir sua psique, pudesse seguir o mesmo caminho. Estimulei-a a se tratar e disse-lhe que mais de 10 milhões de pessoas tentam o suicídio por ano e 1 milhão, infelizmente, consegue. Porém comentei que sua mãe não queria tirar a vida, mas eliminar a dor. Afirmei que ela não deveria sentir raiva da mãe por esta tê-la abandonado e expliquei o mecanismo psicodinâmico do suicídio.

Sua mãe fora vítima da Síndrome do Circuito Fechado da Memória. Entrara em janelas tensionais, ligadas ao autoabandono, sentimento de exclusão, ressentimento, humor depressivo, que bloquearam o acesso a milhares de janelas num determinado momento, o que levou seu Eu a reagir sem pensar, por instinto.

E comentei que ela deveria desenvolver algumas funções vitais da inteligência. Deveria todos os dias fazer a mesa-redonda do Eu contra tudo o que a controla, gerenciar seus pensamentos, dar um choque de lucidez em sua emoção, reeditar as janelas da memória e transformar o caos em oportunidade criativa. Ela entendeu que poderia se posicionar ou como conformista, vítima do mundo, ou como protagonista da sua história. Abriu um sorriso, o que havia muito não fazia, e disse que todos os dias usaria as técnicas que propus para educar seu Eu para aprender a ser autora da própria história. Alegrei-me por ela.

O Eu maduro ou servo

O Eu, na educação clássica, não é organizado, treinado, equipado para ser gestor psíquico. Torna-se um realizador de tarefas, pretensões, desejos: "Eu faço, eu fiz, eu farei", "Eu desejo, eu desejei, eu desejarei". Quando muito, esse Eu desenvolve consciência crítica e identidade. Mas suas mais de vinte funções vitais ficam quase intocadas. É um Eu imaturo, serviçal, sujeito a obedecer a ordens, sem consciência dos seus papéis essenciais e, portanto, sem condição de ser gestor da mente, piloto da aeronave mental, diretor do *script* da sua história.

O que fazemos quando somos traídos, feridos, caluniados, rejeitados? Escrevemos os capítulos mais importantes de nossa história ou os piores textos em nossa memória? Somos vítimas do Circuito Fechado da Memória ou protegemos nossa mente para não vender nossa tranquilidade e saúde emocional por um preço vil? Infelizmente, hiperpensamos no estímulo estressante e estimulamos o fenômeno RAM a produzir inúmeras janelas killer, formando um núcleo traumático, um núcleo de habitação que sequestra o Eu.

A educação que não contempla as funções mais complexas da inteligência traz consequências gravíssimas para a psiquiatria e a psicologia, ao fomentar a produção de transtornos psíquicos; para a própria educação, ao estimular a formação de repetidores de informação, e não pensadores; para as ciências políticas, ao promover a corrupção, o egoísmo, o egocentrismo, a necessidade neurótica de poder; para a evolução da nossa espécie, ao promover disputas irracionais, fundamentalismo político e religioso, fragmentação da humanidade e inviabilidade a longo prazo.

Se uma pessoa possuir um Eu saudável e inteligente, com as funções vitais bem desenvolvidas, terá substancial consciência de si e da complexidade do psiquismo e jamais se inferiorizará ou se colocará acima dos outros. Poderá estar na frente do presidente ou do rei de sua nação sem se sentir diminuída e sem ter impulsos de supervalorizá-los. Poderá considerá-los e respeitá-los, mas não terá deslumbramento irracional. A maioria dos jovens que se deslumbra diante de uma personalidade de Hollywood ou de um artista da música não tem um Eu autônomo, autoconsciente, autocrítico.

Um Eu saudável e inteligente enxerga que todos os seres humanos são igualmente complexos no processo de construção de pensamentos, embora essa construção tenha diferentes manifestações culturais, velocidade de raciocínio, coerência e sensibilidade.

“Um Eu saudável e inteligente enxerga que todos os seres humanos são igualmente complexos no processo de construção de pensamentos, embora essa construção tenha diferentes manifestações culturais, velocidade de raciocínio, coerência e sensibilidade.”

9

O Eu e o autofluxo: parceiros ou inimigos?

Um Eu saudável e inteligente enxerga a grandeza da existência. Sabe que todos os seres humanos são como "meninos", no bom sentido da palavra, "brincando" no teatro do tempo, comprando, vendendo, relacionando-se, envoltos num mar de segredos que ultrapassam os limites da compreensão do seu intelecto.

Um Eu saudável e inteligente pauta sua agenda social pela flexibilidade, pela capacidade de expor seus pensamentos, nunca impô-los. Quem impõe suas ideias, seja através do tom de voz exacerbado, da pressão social, da pressão financeira, de cobranças excessivas ou de discursos intermináveis, não é autor da sua própria história nem formador de pensadores, mas formador de servos, de pessoas passivas, intimidadas, submissas.

Há muitos líderes que jamais foram dignos do poder que possuem, pois não sabem libertar o potencial intelectual dos seus liderados. Eles os asfixiam e não fornecem oxigênio para que expressem suas ideias e sejam criativos, proativos, empreendedores. Têm necessidade de ser o centro. E ninguém é digno do poder se o ama acima das pessoas que lidera.

Um Eu maduro é autoconsciente, determinado, líder de si em primeiro lugar, para depois liderar outros. E, entre todas as atividades, um Eu maduro dá um choque de inteligência na construção de pensamentos realizada pelos fenômenos inconscientes, com destaque para o autofluxo. Vejamos.

Os seis tipos de Eu

Eu gerente

São as pessoas cujo Eu aprendeu a gerenciar seus pensamentos, a exercer a arte de se autoquestionar. Elas libertam seu imaginário, apreciam os movimentos do autofluxo, são criativas, motivadas, inspiradas e também capazes de criticar suas ideias, verdades, crenças.

Sabem que quem vence sem dificuldades triunfa sem grandeza. Portanto, rompem o cárcere da mesmice, andam por espaços inexplorados, são curiosas, exploram o que está além dos seus olhos, mas, ao mesmo tempo, seu Eu tem maturidade para reciclar e qualificar seus pensamentos e suas imagens mentais. Têm consciência de que o fenômeno do autofluxo é uma fonte de inspiração, entretenimento e aventura, porém não permitem ser dominadas por ele.

O Eu gerente faz uma higiene mental diária: duvida dos pensamentos perturbadores, critica as falsas crenças e determina ou decide estrategicamente aonde quer chegar; portanto, usa a técnica do duvidar, criticar e determinar (DCD).

O Eu gerente é livre, leve, solto, faz do caos uma oportunidade criativa, tem resiliência para usar a dor a fim de se construir, reconhece erros, pede desculpas e encanta as pessoas, pois não tem a necessidade neurótica de ser perfeito. Por isso, é capaz de falar de suas lágrimas para que seus filhos e alunos aprendam a chorar as deles. Porque um dia as chorarão.

Eu viajante ou desconectado

São as pessoas que embarcam seu Eu em todas as viagens promovidas pelo autofluxo, sem promover nenhum gerenciamento. O céu e o inferno emocional estão muito próximos de alguém que tem um Eu desconectado. Tais pessoas não perderam os parâmetros da realidade, não estão em surto psicótico, mas, por serem viajantes na trajetória da própria mente, alternam com muita facilidade momentos felizes e de tensão.

Como o Eu viajante não tem gestão mínima da sua mente, dependendo do lugar da memória em que se ancora o autofluxo, as pessoas com esse tipo de Eu assistirão como espectadores passivos aos pensamentos, ideias, imagens mentais e emoções construídos por esse fenômeno inconsciente. Um Eu desconectado não assume a direção da própria história. Por onde o autofluxo caminha, o Eu ingenuamente o segue.

As pessoas que têm um Eu desconectado ou viajante vivem imersos em seu psiquismo, pensando, imaginando, fantasiando. São tão distraídos e desconcentrados que você fala com eles por minutos, mas eles não prestam atenção nas suas palavras.

Não poucas pessoas inteligentes, incluindo muitos gênios, têm um Eu viajante. Mas, por serem desconectadas da realidade, infelizmente não usam adequadamente seu potencial intelectual.

São indivíduos sonhadores, mas sem disciplina para transformar seus sonhos em realidade. São ótimos para discursar, mas não são produtivos. Amam os aplausos, mas não gostam de afinar o piano, carregá-lo e tocá-lo.

Há muitas pessoas que têm um Eu desconectado e são afetivas, generosas, calmas, mas em não poucos casos há um egoísmo e um egocentrismo na base de sua desconexão. Pouco se preocupam com a dor do outro e, por isso, têm poucas atitudes práticas para aliviá-la. São ótimas para falar, mas tardias em agir. Aprender a arte do altruísmo e da observação exige um treinamento que um Eu desconectado deve fazer diariamente.

Alguns alunos têm uma SPA tão intensa e são tão desconectados em sala de aula que lhes peço para realizar a seguinte técnica para se concentrar e melhorar o desempenho intelectual: elaborar, em sua mente, a síntese da exposição dos professores durante a fala destes e escrevê-la rapidamente.

Eu flutuante

O Eu flutuante, assim como o Eu desconectado, não tem âncora, segurança, estabilidade, clareza sobre onde está e aonde quer chegar. Segue os movimentos aleatórios de leitura da memória do fenômeno do autofluxo. Nem intuitivamente é capaz de dar direção a ideias, pensamentos, metas e projetos.

Pessoas com o Eu flutuante não exercem sua capacidade de escolha. Não têm autonomia, ideias próprias, diretriz intelectual. Num momento, têm uma opinião; no seguinte, influenciadas por outros ou pelo ambiente, mudam-na com facilidade. Num período, sonham com algo; noutro, quando surge o calor dos problemas, desistem e mudam de direção.

O Eu flutuante, por ser instável, desestabiliza a própria emoção, tornando-a volúvel, flutuante. Por isso, pessoas com este Eu estão alegres num período e, noutro, entristecidas. De manhã, motivadas; à tarde, sem energia; e, à noite, querem dormir, pois perdem o "pique". Num momento, são afetivas; noutro, irritadiças e até agressivas. Executivos flutuantes levam seus colaboradores a pisar em ovos. Em casos extremos, levam-nos a contrair a espontaneidade, a criatividade e o prazer de trabalhar na empresa, pois estes nunca sabem como estará o humor do chefe.

Pessoas com um Eu flutuante causam transtorno nas próprias relações, perturbam a tranquilidade e o prazer do parceiro(a), de filhos, de amigos. Gerenciar o humor e adquirir estabilidade emocional são metas fundamentais para quem tem um Eu flutuante.

Eu engessado

São as pessoas que não libertam o fenômeno do autofluxo e, consequentemente, contraem seu imaginário e sua criatividade. Seu Eu é rígido, fechado, inflexível. Elas têm grande potencial criativo, mas são seus próprios punidores, não sonham, não se inspiram, têm pavor de ser abertas e pensar em outras possibilidades. Vivem entediadas e entediando seus íntimos.

Um Eu engessado defende radicalmente seu partido político, suas convicções ou sua religião e, portanto, não abre espaço para respeitar o diferente. Quem é radical não está convencido do que crê, nem da sua religião, pois se estivesse não precisaria usar pressão para se expressar.

Por outro lado, também quem defende radicalmente seu ateísmo é emocionalmente imaturo, pois precisa de coação para dar relevância a suas convicções.

Um Eu engessado é mentalmente robotizado. Levanta sempre do mesmo modo, faz as mesmas reclamações, dá as mesmas respostas, tem as mesmas atitudes diante dos mesmos problemas. É uma pessoa encarcerada pela rotina. Tem, às vezes, motivos de sobra para agradecer a vida, o trabalho, os filhos, mas chafurda na lama da reclamação. Você conhece alguém assim?

Tais pessoas podem até ter sucesso "por fora", mas são miseráveis por dentro. Sua maior fonte de entretenimento está comprometida, empobrecida. Seu Eu tem apreço em se ancorar em janelas killer que fomentam pessimismo, insatisfação, irritabilidade. Treinar a capacidade de mudança quando necessário, pensar em outras possibilidades, autocrítica e reconhecimento de nossa rigidez são atitudes inteligentíssimas para retirar nosso engessamento mental.

Eu autossabotador

O Eu autossabotador não gere o processo de construção de pensamentos para promover estabilidade e profundidade emocional. Por incrível que pareça, esse tipo de Eu vai contra a liberdade, conspira contra seu prazer de viver, sua tranquilidade e seu êxito profissional e social. Pessoas com Eu autossabotador são carrascos de si mesmas. Um Eu com essas características precisa desesperadamente aprender a ter um caso de amor com suas qualidades.

Milhares de mulheres com sobrepeso têm um Eu autossabotador. Elas fazem regime, lutam para emagrecer e, depois de muito esforço, obtêm êxito. Entretanto, não mantêm o peso nem se jubilam com sua vitória, pois o fenômeno do autofluxo se ancora em janelas killer, o que produz autopunição, e o Eu frágil submete-se a essas zonas traumáticas e, consequentemente, não admite se sentir bem, feliz e ser elogiado. O êxito as deixa tensas. Elas começam a sabotar seu regime, passam a comer compulsivamente. Parece que só se sentem vivas se estão se punindo. Frequentemente, desistem dos seus sonhos no meio do caminho.

O Eu autossabotador não sabe dar um choque de gestão no autofluxo, que, além da autopunição, carrega fobias, obsessão, dependência, ciúme, inveja, raiva, autoflagelo.

Uma pessoa autossabotadora da sua saúde emocional vive se aterrorizando, se atormentando com fatos que ainda não aconteceram ou gravitando na órbita dos problemas que já passaram, lamentando perdas, fracassos, injustiças.

Um Eu que sabota a própria felicidade pode ser ótimo para com os outros, mas é péssimo para si. Pode ser tolerante com seus íntimos e amigos, mas implacável consigo mesmo. Pode dar chances para os outros quando erram, mas raramente se dá uma nova chance.

Um dos mais graves defeitos da personalidade de um Eu autossabotador é a autocobrança. Como, infelizmente, grande parte das pessoas tem essa característica doentia, vou reiterar o que já disse. Quem cobra demais de si retira o oxigênio da própria liberdade, asfixia sua criatividade e, o que é pior, estimula o registro automático da memória a produzir janelas killer toda vez que falha, tropeça, claudica ou não corresponde a suas altíssimas expectativas.

Um importante alerta: uma das mais graves consequências de quem cobra excessivamente de si mesmo é aumentar os níveis de exigência, o que o impede de relaxar, sentir-se realizado, satisfeito, feliz. Quem faz muito do pouco é muito mais estável e saudável do que quem precisa de muito para sentir migalhas de prazer.

O Eu autossabotador faz que muitos profissionais de sucesso tenham grave insucesso emocional. Eles sabotam suas férias, seus finais de semana, seus feriados, seu sono, seus sonhos.

Eu acelerado

Ao Eu acelerado pertence o imenso grupo de pessoas em todo o mundo, em todas as sociedades modernas, de crianças a idosos, que se entulham de informações, atividades e preocupações. E, consequentemente, excitam o fenômeno do autofluxo a produzir pensamentos numa velocidade nunca vista, gerando, portanto, a Síndrome do Pensamento Acelerado.

A SPA tornou-se o mal do século, gerando péssima qualidade de vida, insatisfação crônica, retração da criatividade, doenças psicossomáticas, transtornos nas relações interpessoais e, em destaque, transtornos na relação do Eu consigo mesmo.

Não há múltiplas personalidades

Devemos ter em mente que podemos ter várias posturas do Eu na mesma personalidade. Não existem múltiplas personalidades, como algumas pessoas, incluindo profissionais da psicologia, acreditam. O que existe são núcleos distintos de habitação ou plataformas de memória onde o autofluxo e o Eu se ancoram.

Há indivíduos que mudam o tom de voz e reagem de maneira tão diferente da habitual que parece que duas ou mais pessoas vivem no mesmo cérebro. O que ocorre de fato é que, dependendo da plataforma em que o autofluxo se fixa, o Eu se nutre de informações e experiências para produzir pensamentos e emoções e, desse modo, revelar características próprias da personalidade.

Algumas pessoas são serenas quando ancoradas em determinado núcleo de habitação; fora dele, tornam-se estúpidas. Há pessoas que são fortes e seguras numa determinada situação, mas, em outra, se intimidam como uma criança diante de uma fera. Se as plataformas forem qualitativamente muito diferentes umas das outras, as características também o serão.

O Eu pode ter várias posturas doentias

Uma pessoa pode ter um Eu acelerado e, para piorar sua saúde emocional, ter também um Eu engessado, autossabotador ou desconectado com o meio ambiente. Ou seja, além de o sujeito ser inquieto, agitado, é também rígido, emocionalmente instável e, ao mesmo tempo, seu pior inimigo, carrasco de si mesmo, pessimista e mal-humorado.

Apesar de a postura do Eu revelar níveis de criatividade, maturidade, resiliência, capacidade de se adaptar às mudanças, de proteger a psique e de superar conflitos, não podemos nos esquecer de que, em psiquiatria e psicologia, nada é imutável. O psiquismo humano pode passar por um processo de transformação, em especial se o Eu se reciclar e se tornar um construtor de plataformas de janelas light, enfim, um edificador de novos núcleos de habitação no córtex cerebral.

Uma das teses que defendo no livro *A fascinante construção do Eu* é que, dentro da metáfora de uma cidade, um ser humano não precisa ter toda a cidade da memória perfeita, sem ruas esburacadas, esgotos a céu aberto e bairros traumatizados, para ter uma vida digna.

Como numa cidade física, se você construir núcleos de habitação saudáveis, será possível ter uma vida aceitável e prazerosa. Se não fosse assim, o processo de formação da personalidade seria completamente injusto. Crianças que foram abusadas sexualmente, privadas de condições de vida mínimas, humilhadas socialmente, mutiladas em guerras e ataques terroristas não teriam a chance de possuir uma mente livre e uma emoção saudável.

Nos computadores, somos deuses porque registramos e deletamos o que queremos no momento que queremos; na memória humana, isso é impossível. Mas não significa que estamos condenados a conviver com nossas mazelas psíquicas.

Podemos alicerçar todos os papéis do Eu já listados e, consequentemente, reeditar a memória e apreender algumas ferramentas, como a técnica do DCD, a mesa-redonda do Eu, a proteção da emoção, a resiliência, para assumir o *script* da nossa história.

Todavia, jamais podemos nos esquecer de que em psiquiatria, psicologia, sociologia e ciências da educação não existem soluções mágicas. É necessária uma nova agenda para formar núcleos de habitação do Eu. São necessários exercícios educacionais diários. Devemos nos lembrar sempre desta tese: se a sociedade nos abandona, a solidão é tratável, mas, se nós mesmos nos abandonamos, ela é quase incurável.

10

A Síndrome do Pensamento Acelerado

Comentei nos capítulos anteriores alguns mecanismos do processo de construção de pensamentos. Desse modo, um terreno foi preparado para falar mais especificamente sobre o grande mal do século: a Síndrome do Pensamento Acelerado.

Assim como tive o privilégio de descobrir a Síndrome do Circuito Fechado da Memória, que está na base de agressões domésticas, *bullying*, conflitos profissionais, suicídio, guerras e outras formas de violência, tive a felicidade de desvendar a mais penetrante e "epidêmica" síndrome que atinge as sociedades modernas: a Síndrome do Pensamento Acelerado.

Ao mesmo tempo, no entanto, tive a infelicidade de saber que grande parte das pessoas de quase todas as idades é acometida em diferentes níveis por ela, incluindo as crianças, ora tratadas como gênios, ora como hiperativas. Destruímos a infância das crianças sem perceber.

Pensar é bom, pensar com consciência crítica é melhor ainda, mas pensar excessivamente é uma bomba contra a qualidade de vida, uma emoção equilibrada, um intelecto criativo e produtivo.

O pensamento acelerado

Não apenas o conteúdo pessimista dos pensamentos é um problema que afeta a qualidade de vida, mas – o que não se sabia – também a velocidade exagerada desses pensamentos depõe contra ela. Editar ou acelerar sem controle o pensamento é o sinal mais evidente da falha do Eu como gestor psíquico. Ninguém suportaria por muito tempo ver um filme cujas cenas rodassem rapidamente. Mas suportamos por anos nosso pensamento rodar seu "filme". O custo físico e psíquico disso é altíssimo.

Estudar a Síndrome do Pensamento Acelerado, bem como causas, sintomas, consequências e mecanismos de superação, deveria fazer parte do currículo de todas as escolas, da pré-escola à pós-graduação. Mas não temos tempo para explorar o mundo que nos tece como seres pensantes. A educação "conteudista" estressa os nobilíssimos professores e seus alunos. E, para piorar, compromete a criatividade e a saúde emocional.

Qualquer leigo sabe que uma máquina não pode trabalhar em alta rotação continuamente, dia e noite, pois corre o risco de aumentar sua temperatura e fundir suas peças. Mas é quase inacreditável que nós, seres humanos, não tenhamos a mínima consciência de que pensar exageradamente e sem nenhum autocontrole é uma fonte de esgotamento mental.

Crianças e adolescentes estão esgotados mentalmente. Pais e professores estão fatigados sem saber a causa. Profissionais das mais diversas áreas já acordam sem energia e carregam seu corpo durante o dia.

Certa vez discorri, em Orlando, Estados Unidos, para meus alunos de mestrado de mais de trinta países, sobre os sintomas da SPA, e, abalados, quase todos perceberam que precisavam descansar por um longo período. Necessitavam urgentemente treinar seu Eu para gerenciar seus pensamentos, mudar seu estilo de vida e ter um caso de amor com sua saúde mental.

A humanidade tomou o caminho errado; estamos nos estressando rápida, intensa e globalmente na era dos computadores e da internet. Estamos levando a psique a um estado de falência coletiva e não percebemos o mal do século.

Mesmo se o conteúdo for positivo, culto, interessante, o aceleramento do pensamento por si só gera um desgaste cerebral intenso, produzindo a mais importante ansiedade dos tempos modernos, com a mais rica sintomatologia. Não precisamos ter tido uma infância doente para sermos adultos ansiosos; basta termos uma mente hiperacelarada, que adoeceremos.

Há muitos tipos de ansiedade, como a pós-traumática, o transtorno obsessivo compulsivo (TOC), a síndrome de *burnout*, o transtorno do pânico, porém a ansiedade produzida pela SPA é mais abrangente, contínua e "contagiante". Abaixo, relaciono alguns dos sintomas:

1. Ansiedade
2. Mente inquieta ou agitada
3. Insatisfação
4. Cansaço físico exagerado; acordar cansado
5. Sofrimento por antecipação
6. Irritabilidade e flutuação emocional
7. Impaciência; tudo tem que ser rápido
8. Dificuldade de desfrutar a rotina (tédio)
9. Dificuldade de lidar com pessoas lentas
10. Baixo limiar para suportar frustrações (pequenos problemas causam grandes impactos)
11. Dor de cabeça
12. Dor muscular
13. Outros sintomas psicossomáticos (queda de cabelo, taquicardia, aumento da pressão arterial etc.)
14. Déficit de concentração
15. Déficit de memória
16. Transtorno do sono ou insônia.

Embora não haja uma classificação rígida, empiricamente podemos dizer que quem tem pelo menos três a quatro sintomas deve mudar rapidamente seu estilo de vida. Faça o teste para avaliar sua qualidade de vida no site www.augustocurycursos.com.br.

Uma das características mais marcantes da Síndrome do Pensamento Acelerado é o sofrimento por antecipação. Ficamos angustiados por fatos e circunstâncias que ainda não aconteceram, mas que já estão desenhados em nossa mente. Mesmo quem detesta filme de terror cria, com frequência, um filme fantasmagórico em sua mente. Seu Eu sabota sua tranquilidade.

Todos os professores no mundo sabem, embora não entendam a causa, que, do final do século XX para cá, crianças e adolescentes estão cada vez mais agitados, inquietos, sem concentração, sem respeito uns pelos outros, sem prazer em aprender. Isso piorou ainda mais depois da pandemia. Segundo um estudo da Faculdade de Medicina da Universidade de São Paulo (USP) realizado em 2020, um em cada quatro crianças e adolescentes sofre de depressão e ansiedade.

Por que muitos acordam fatigados? Porque gastam muita energia pensando e se preocupando durante o estado de vigília. O sono deixa de ser reparador, não consegue repor a energia na mesma velocidade.

E os sintomas físicos, por que surgem? Quando o cérebro está desgastado, estressado e sem reposição de energia, procura órgãos de choque para nos alertar. Nesse momento, aparece uma série de sintomas psicossomáticos, como dores de cabeça e muscular, que representam o grito de alerta de bilhões de células suplicando para que mudemos nosso estilo de vida. Mas quem ouve a voz do seu corpo?

E o esquecimento? Por que temos sido uma plateia de pessoas com déficit de memória? Porque nosso cérebro tem mais juízo que nosso Eu. Percebendo que não sabemos gerenciar nossos pensamentos, que vivemos esgotados, o cérebro usa mecanismos instintivos que bloqueiam as janelas da memória na tentativa de que pensemos menos e poupemos mais energia.

Frequentemente, nos congressos de educação, pergunto aos professores se eles têm déficit de memória. A resposta é sempre a mesma: quase todos dizem que sim. Então faço um alerta em tom de brincadeira, mas sério. Indago-lhes: "Queridos professores e professoras, se vocês estão coletivamente esquecidos, como, então, têm coragem de exigir que seus alunos se lembrem da matéria nas provas?". Muitos dão risada e aplaudem. Mas, no fundo, não estou brincando, e sim apontando para algo seriíssimo.

Nossos alunos também estão com a SPA, o que prejudica a assimilação das informações, a organização e a capacidade de resgate delas, comprometendo o desempenho do raciocínio. Alunos brilhantes não brilham nas provas, não porque não sabem a matéria, mas porque truncaram esse processo.

Tenho dito que os ministérios de Educação e Cultura dos mais diversos países estão errados ao avaliar um aluno pela assertividade nas provas. Os alunos devem ser avaliados não apenas pela repetição dos dados, mas também pela inventividade, pela capacidade de raciocínio esquemático, pela ousadia. E, além disso, se quisermos formar pensadores, deveremos avaliar um aluno fora do espaço das provas, durante as aulas, por sua interatividade, altruísmo, proatividade, debate de ideias, discurso do pensamento, cooperação social. São esses elementos que determinarão o sucesso profissional e social nas provas da existência, muito mais do que os acertos nas provas escolares.

O déficit de memória atinge as mais diversas pessoas nos mais variados níveis. Há pessoas tão esquecidas que têm dificuldade de lembrar até o nome dos colegas de trabalho, onde colocaram a chave do carro, onde o estacionaram. Esquecimentos corriqueiros são um clamor positivo do cérebro nos avisando que a luz vermelha acendeu, que a SPA asfixiou nossa mente a tal ponto que está comprometendo seriamente a qualidade de vida. O déficit de memória corriqueiro é uma proteção cerebral e não um problema, como muitos médicos pensam.

Reitero: o cérebro bloqueia certos arquivos da memória numa tentativa de diminuir o excesso de pensamentos produzidos pela SPA. Uma pessoa muito estressada e com SPA pode gastar mais energia do que dez trabalhadores braçais. Sábio é o que faz muito gastando pouca energia.

De que adianta ser uma máquina de trabalhar se perdemos as pessoas que mais amamos, se não temos uma existência tranquila, encantadora, motivadora? As pessoas que têm um trabalho intelectual excessivo, como juízes, promotores, advogados, executivos, médicos, psicólogos, professores, desenvolvem a SPA mais intensamente. As pessoas mais dedicadas e eficientes estão, com frequência, mais fortemente estressadas. Algumas das causas da SPA são:

1. Excesso de informação
2. Excesso de atividades
3. Excesso de trabalho intelectual
4. Excesso de preocupação
5. Excesso de cobrança
6. Excesso de uso de celulares
7. Excesso de uso de computadores.

O excesso de informação é a principal causa da SPA. No passado, o número de informações dobrava-se a cada dois ou três séculos; hoje, dobra-se a cada ano.

"O excesso de informação é a principal causa da SPA. No passado, o número de informações dobrava-se a cada dois ou três séculos; hoje, dobra-se a cada ano."

Achávamos que essa avalanche de informações, que advém da TV, escola, *videogames*, *smartphones*, jornais, empresas, não era um problema tão significativo, mas hoje sabemos que o fenômeno RAM arquiva tudo no córtex cerebral e sem autorização do Eu, saturando a Memória de Uso Contínuo.

A MUC é o centro consciente da memória. Metaforicamente, representa o centro de circulação de um ser humano numa grande cidade. Em seu cotidiano, ele frequenta no máximo 2% das ruas, avenidas, lojas. Eventualmente, sai para áreas periféricas, que, na Teoria da Inteligência Multifocal, chamamos de Memória Existencial, ou Memória Inconsciente, como já mencionei.

Se saturarmos a MUC, passando para 5 ou 10%, expandiremos os níveis da ansiedade vital e superestimularemos o fenômeno do autofluxo, que, por sua vez, começará a ler rápida e descontroladamente a memória e a produzir pensamentos numa velocidade nunca vista. Gera-se, assim, a Síndrome do Pensamento Acelerado.

Usarei novamente a metáfora da cidade para explicar esses fenômenos inconscientes, que atuam em milésimos de segundo. Todos temos nosso centro de circulação numa cidade. Na cidade de São Paulo, uma pessoa frequenta uma ou duas farmácias. Mas há centenas de farmácias, e em bairros distantes. Se, para comprar um medicamento, uma pessoa tivesse de ir a inúmeras farmácias e seguir as mais diversas trajetórias, demoraria talvez um dia, talvez uma semana. E poderia prejudicar sua saúde.

Do mesmo modo, quando alargamos excessivamente a MUC, o centro de circulação da "cidade da memória", desenvolvemos um trabalho mental desgastante e pouco produtivo. Nas empresas, muitas pessoas se informam e pensam muito, porém com pouca profundidade. As ideias originais desaparecem.

A TIM estuda não apenas o processo de construção de pensamentos, mas também, entre outros, o processo de formação de pensadores. Estou convicto de que não é o excesso de informações e de pensamentos que determina a qualidade das ideias. Einstein tinha menos informações que a maioria dos engenheiros e físicos da atualidade, e foi muito mais longe. É a maneira como reorganizamos os dados, e não o excesso deles, que determina o grau de criatividade.

Selecionar as informações é fundamental. Mas, nesta sociedade urgente, somos péssimos para selecionar o cardápio da nossa mente. Engolimos tudo e rapidamente, sem digerir. Como não se estressar drasticamente? Estamos destruindo nossos funcionários nas empresas, asfixiando os professores nas salas de aula, enfartando os médicos nos hospitais.

Vamos falar agora sobre os filhos da humanidade. Nós, adultos, bem ou mal, ainda suportamos os sintomas da SPA, mas e as crianças?

11

O assassinato da infância

O sistema social cometeu um dos mais dramáticos assassinatos coletivos: o assassinato da infância. O mundo fica estarrecido com o uso de armas de destruição em massa, mas silencia diante das "armas" do sistema social que provocam a destruição em massa da infância de nossas crianças.

O excesso de estímulos, atividades, brinquedos, propagandas, uso de *smartphones*, *videogames*, TV e informações escolares satura a MUC dos filhos da humanidade, gera um trabalho intelectual escravo, editando seus pensamentos em níveis jamais vistos.

Uma criança de sete anos, na atualidade, provavelmente tem mais informações do que tinha um imperador no auge da Roma antiga e do que tinham Pitágoras, Sócrates, Platão, Aristóteles, enfim, os grandes pensadores da Grécia antiga. Além disso, elas enfrentaram uma pandemia e anos de isolamento social, o que agravou ainda mais a tendência à timidez e ansiedade. Diante disso, como evitar que as crianças estejam mentalmente agitadas, desconcentradas, impulsivas, irritadiças, com dificuldade de elaborar suas experiências? Impossível.

Elas são instáveis, irritadiças, intolerantes a contrariedades, inseguras em situações novas, não se deleitam em aprender e têm enorme dificuldade de debater ideias em ocasiões minimamente estressantes.

Nós, adultos, cometemos um crime ao superestimular o processo de construção de pensamentos. Não percebemos que as crianças precisam aprender a proteger a emoção, filtrar estímulos estressantes, desenvolver o prazer por meio de atividades lúdicas, participar de processos criativos que envolvam melhor elaboração, como esporte, música, pintura e relacionamento com a natureza.

Alguns, ao verem crianças e adolescentes agitados e rebeldes a convenções, logo colocam a culpa nos pais, dizendo que são relapsos, que não colocam limites, que não transmitem valores. Sim, há pais que, como educadores, apresentam tais comportamentos doentios, mas a maioria está completamente perdida. Eles agem, mas suas palavras não têm impacto. Impõem limites, mas seus filhos repetem os mesmos erros continuamente. A causa é evidente. Devido à SPA, os jovens não elaboram suas experiências que envolvem perdas e frustrações, e, portanto, o fenômeno RAM não as registra, não forma núcleos saudáveis de habitação do Eu capazes de enriquecer as características da personalidade. O seu Eu se torna engessado, desconectado, flutuante e quase sempre autossabotador.

Nunca foi tão difícil educar

Por meio dos meus livros, tenho "gritado" em muitos países que estamos violando a caixa-preta da construção de pensamentos dos nossos filhos, o que é gravíssimo. Estamos dormindo e, ao mesmo tempo, sonhando deslumbrados com o mundo digital que criamos.

Nunca foi tão difícil educar uma geração. Não há um culpado, o sistema é culpado. Todos temos nossa responsabilidade no assassinato da infância. O que me dói na alma é saber que esses jovens serão adultos num ambiente de aquecimento global, insegurança alimentar e competição predatória, e precisarão de notável capacidade de liderança e criatividade para dar respostas inteligentes a essas questões. Entretanto, infelizmente, estamos despreparando-os para esse mundo tumultuado que nós mesmos criamos.

Quando as crianças são atingidas pela SPA na primeira infância, até os cinco anos, os pais ficam extasiados, acham que seus filhos são gênios. Não percebem os sintomas. Têm orgulho de contar a todos a esperteza dos filhos, que assimilam as informações rapidamente e têm respostas para tudo. Para piorar o quadro dos gênios, colocam-nos num mar de atividades (escola, aprendizado de línguas, música, esporte) e, além disso, permitem que acessem as redes sociais indiscriminadamente. Esse processo agita mais a mente deles.

Não sabem que crianças têm de ter infância, criar, elaborar, estabilizar sua emoção, dar profundidade aos seus sentimentos, colocar-se no lugar do outro, pensar antes de reagir, aquietar a mente; caso contrário, terão uma emoção instável, insatisfeita, irritadiça, intolerante a contrariedades e, claro, hiperpensante.

Os anos passam, e, na segunda infância, pré-adolescência e adolescência, os pais começam a perceber que algo está errado. O gênio desapareceu. Seus filhos querem cada vez mais para sentir cada vez menos, são insatisfeitos, indisciplinados, têm dificuldade de expressar gratidão, sua autoestima (maneira como se sentem) está combalida, sua autoimagem (maneira como se veem) está fragilizada, não aceitam "não", são impacientes, querem tudo na hora.

É fundamental que os pais não deem presentes e roupas em excesso aos filhos nem os coloquem em múltiplas atividades. É igualmente fundamental que conquistem o território da emoção deles e saibam transferir o capital das suas experiências, ou seja, que lhes deem o que o dinheiro não pode comprar. Não devem deixá-los o dia inteiro conectados em redes sociais e usando *smartphones*. A utilização ansiosa desses aparelhos pode causar dependência psicológica como algumas drogas. Tire o celular deles por um dia e veja como reagem. Além disso, os filhos, bem como os próprios pais, jamais deveriam usá-los em excesso à noite ou dormir ao lado desses aparelhos, pois sua tela libera um comprimento de onda azul que dificulta a liberação, no metabolismo cerebral, de substâncias que induzem o sono.

Pais que superprotegem seus filhos e lhes dão tudo o que pedem colocam combustível na SPA destes. Como digo no livro *Pais brilhantes, professores fascinantes*, lembre-se de que bons pais dão presentes e suportes para a sobrevivência dos seus filhos, mas pais brilhantes vão muito além: dão a sua história, transferem o mais excelente capital, o das experiências. Muitos pais perdem seus filhos porque não conseguem fazer da relação uma grande aventura.

12

Os níveis da SPA

A SPA: desarme-a!

Se temos muitos tijolos que não são utilizados num terreno, como podemos considerá-los: objetos úteis ou entulho? O excesso de informação torna-se entulho, que prejudica a ousadia, a capacidade de observação, a assimilação. Executivos que vivem sob a paranoia de se informar, que não são seletivos, esmagam sua originalidade e sua criatividade.

A SPA abarca o estresse profissional (síndrome de *burnout*), gerado pelo uso de telefones celulares, pelo excesso de atividades, de informações, de trabalho e pela competição predatória. Um profissional, a não ser em casos excepcionais ou horas muito específicas, deveria se proibir de usar telefone celular nos finais de semana. Sempre haverá problemas para resolver, sempre haverá atividades para executar.

Nesse mundo competitivo e consumista, ou aprendemos a ser seres humanos ou seremos máquinas de trabalhar. Muitos não sabem o que é ser um simples humano que anda no traçado do tempo em busca de si mesmo. Moram em belos endereços, mas nunca encontraram um endereço dentro de si mesmos.

Você tem a bomba da SPA em sua mente? Se tem, é preciso desarmá-la. Quem pensa excessivamente, sem nenhum gerenciamento por parte do Eu, reitero, sofre um desgaste cerebral altíssimo, com graves consequências para seu futuro profissional, emocional e social.

Nós podemos acelerar tudo no mundo exterior com vantagens: os transportes, a automação industrial, a velocidade das informações nos computadores, mas nunca deveríamos acelerar a construção de pensamentos. O fenômeno do autofluxo, que deveria ser a maior fonte de entretenimento, motivação e inspiração do *Homo sapiens*, tornou-se a maior fonte de estresse, ansiedade e sintomas psicossomáticos.

Níveis de gravidade da SPA

Primeiro nível da SPA: viver distraído

Trata-se daquela pessoa que senta na nossa frente e parece que está nos ouvindo, mas, de repente, começa a mover repetidamente os dedos ou bater as mãos sobre as pernas. Tenha certeza de que tal pessoa "viajou", não ouviu quase nada do que falamos.

Os distraídos fazem parte de um grande grupo. Olham para uma direção, porém estão desligados. Leem um texto, mas não guardam nada. Como vimos, eles têm um Eu desconectado, desconcentrado.

Segundo nível da SPA: não desfrutar a trajetória

Trata-se daquela pessoa que senta para ler um jornal, revista ou livro e sempre começa a lê-los de trás para a frente. É tão mentalmente agitada que não tem paciência de seguir a trajetória normal.

Tal pessoa, em seus projetos, não desfruta do percurso. Não vê a hora de chegar ao ponto final. Pessoas com este nível da SPA, mesmo que lutem pelo sucesso, quando o alcançam não celebram o pódio. Partem para uma nova jornada. São algozes de si mesmas. Não se dão o direito da trégua. Só sabem "guerrear", não sabem viver tempos de paz.

Ao mesmo tempo que são inteligentes, são incoerentes consigo mesmas. Não desfrutam do próprio sucesso; quem vai desfrutá-lo serão seus filhos, genros e agregados.

Terceiro nível da SPA: cultivar o tédio

Trata-se daquela pessoa que está tão estressada que, quando alguém a convida para ir a uma festa, se enche de júbilo. Não vê a hora de sair do trabalho e se arrumar. Todavia, quando chega à festa, os problemas não tardam a aparecer.

A velocidade de seus pensamentos é maior do que os movimentos da festa. Ela começa a estalar os dedos, olhar para os lados, se inquietar. Cinco minutos depois, está tão entediada e estressada que dá um grito: "Vamos embora!".

Nesse nível da SPA, a pessoa está sempre procurando algo que não existe fora dela. Somente dentro. Tais indivíduos têm horror à rotina. Tudo os cansa logo. Dificilmente relaxam e curtem o ambiente. Geralmente acham os outros superficiais, com uma conversa maçante.

Quando estão em casa, pegam o controle da TV e deixam todo mundo maluco. Mudam de filme e programa a cada minuto. E sua mente é tão rápida que detesta comerciais.

Quarto nível da SPA: não suportar os lentos

Esse grupo é representado por aquelas pessoas que ficam tensas e irritadas ao conviver com pessoas vagarosas. São impacientes com quem não "pega" rápido as coisas, com quem não tem atitude, com quem demora para enxergar os problemas e trazer soluções.

Pessoas com este nível da SPA não conseguem ensinar duas ou três vezes, que já perdem a paciência. Acham que seus colegas de trabalho têm algum problema mental, QI baixo ou são relapsos, já que não conseguem acompanhar seu ritmo nem seu raciocínio. Elas não entendem que, normalmente, não são as pessoas que as rodeiam que são lentas; elas é que são rápidas demais. Elas é que são eficientes, proativas, determinadas, empreendedoras em demasia. E acompanhá-las é uma tarefa dantesca.

Os profissionais com este nível da SPA querem que todos sejam rápidos e estressados como eles, que todos vivam o mal do século. São ótimos para empresas, mas uma vez mais afirmo: são carrascos de si mesmos. Terão grande chance de ser os mais ricos de um cemitério ou os mais perfeitos do leito de um hospital. Vale a pena?

Quinto nível da SPA: preparar as férias dez meses antes

Este nível da SPA representa o grupo de pessoas que estão tão ansiosas com a velocidade alucinada de seus pensamentos que pegam o calendário e começam a planejar as férias dez meses antes. Isso porque as anteriores não conseguiram levá-las ao descanso. Em alguns casos, deixaram-nas mais estressadas.

Uma pessoa com este nível da SPA é inquieta, tica dia a dia, mês a mês, e espera ansiosamente as benditas férias. No mês anterior a elas, melhora seu humor. Quando chega o último dia de trabalho, abraça seus colegas de trabalho e diz só para si: “Fiquem no fogo, seus estressados; fui!”.

Tudo parece perfeito. Serão as melhores férias da sua vida, até que ela começa a arrumar as malas. Já na preparação, acha que a bagagem está em excesso e estressa filhos e parceiro(a).

No trajeto, já deveria começar a relaxar, mas se enerva com os péssimos motoristas que encontra pelo caminho. Impacienta-se no trânsito, acelera, breca, dá arrancadas. Não olha para o horizonte, não contempla a paisagem. Quer chegar ao destino, vestir uma roupa leve e colocar um chinelo. Logo estará aliviada.

No primeiro dia de férias, esse indivíduo não sabe por quê, mas não relaxou. No segundo dia, está tão irritado que parece um gerente financeiro cobrando tudo de todos. No terceiro dia, seus filhos e seu parceiro(a) não o estão suportando. No quarto, nem ele se aguenta. No quinto, está tão atacado pela SPA que quer voltar para o campo de batalha, o trabalho, pois só se sente vivo guerreando.

Sexto nível da SPA: fazer da aposentadoria um deserto

O sexto nível da SPA representa a pessoa que fica pensando ansiosamente na aposentadoria. Ela conta mês após mês, ano após ano, o tempo que falta para sair do caldeirão de estresse do seu trabalho. Gosta dos colegas, mas não suporta mais olhar para a cara deles. Quando seu chefe se aproxima, tem calafrios. E, se for ela mesma o chefe, quando pensa em cobrar metas dos seus colaboradores, tem insônia.

Qualquer coisa a irrita. Não curte sua empresa. Não mais ama desafios. Se for um professor, o barulho da sala de aula lhe parece uma câmara de tortura. Sonha com as férias como o ofegante sonha com oxigênio. Pensa em pescar, passear, sentar na varanda de casa, ler livros. Depois da travessia do deserto, a vida será um oásis, imagina.

Após uma espera prolongada, chega finalmente o grande momento: a merecida aposentadoria. Os amigos fazem festa. Ela está com o humor nas alturas. A primeira semana é maravilhosa: visita amigos, cuida das plantas, lê alguns textos. Mas as semanas se passam, os meses correm, e a SPA a pega na contramão.

O cachorro começa a irritá-la, os vizinhos tornam-se sisudos, ela não conquista novos amigos, começa a se sentir inútil, não sabe conversar sobre o trivial, só sabe falar de trabalho e viver sob pressão e cobranças.

Não se preparou para curtir a vida, descansar, contemplar o belo. O resultado de mais de três décadas de trabalho são a depressão e doenças psicossomáticas. O oásis da aposentadoria aumentou a temperatura da sua ansiedade.

* * *

Claro, há exceções. Nem todos estão nestes níveis da SPA, porém estou dizendo uma verdade que atinge, em menor ou maior grau, milhões de pessoas. Quem vive em guerra no trabalho e na sua mente fica viciado em batalhas. Nunca se esqueça de que o corpo se aposenta, mas a mente jamais o faz.

Devido aos altos níveis da SPA, as pessoas são muito ativas na atualidade. Estão em pleno vigor intelectual com 60, 70 ou 80 anos. E, frequentemente, têm uma necessidade vital de continuar a se sentir úteis à sociedade. Não podem se aposentar sem se preparar para ter uma segunda jornada de prazer, lazer, sonhos, trabalho filantrópico ou remunerado. Caso contrário, adoecem e deixam doentes os mais próximos.

13

Graves consequências da SPA

As consequências emocionais, intelectuais, sociais e físicas da SPA são enormes. Algumas provavelmente nos deixarão atônitos. Elas nem sempre se manifestam no presente, mas com certeza aparecerão no futuro. Vou destacar as consequências emocionais.

Envelhecimento precoce da emoção: insatisfação crônica

Toda vez que hiperaceleramos os pensamentos, a emoção perde em qualidade, estabilidade e profundidade. São necessários cada vez mais estímulos, aplausos, reconhecimento para sentirmos migalhas de prazer. É grande a chance de quem tem alto nível de SPA mendigar o pão da satisfação, ainda que viva debaixo dos holofotes da mídia.

Uma mente hiperpensante envelhece a emoção precocemente, gerando um estado desconfortável que é bem caracterizado: reclamação frequente, irritabilidade diante de imprevistos, impaciência com quem não pensa a mesma coisa ou não tem o mesmo ritmo, déficit de motivação, falta de disciplina para correr atrás dos sonhos, dificuldade de desfrutar o próprio sucesso. Uma pessoa emocionalmente rica e jovem do ponto de vista psiquiátrico é capaz de contemplar o belo, curtir a vida, cantarolar pela manhã, fazer das pequenas coisas um espetáculo aos olhos.

Infelizmente, há jovens de 10, 12, 15 ou 20 anos com idade emocional mais avançada do que muitos idosos de 80 ou 90 anos. Têm um Eu engessado e autossabotador. São especialistas em criticar os outros, o que representa o sintoma mais evidente de uma emoção envelhecida. Querem tudo na hora. Perderam o vigor da vida, não têm pique para se aventurar, construir oportunidades, começar tudo de novo depois de tropeçar.

Diante do espelho, fazem uma guerra apontando seus defeitos, jamais exaltando suas qualidades. Vivem condicionados ao padrão tirânico de beleza imposto pela mídia. Não sabem que a beleza está nos olhos de quem vê. Não sabem elogiar seus pais e professores. Nem sequer sabem agradecer a vida ou se autopromover. Sua emoção flutua entre o céu e o inferno: num momento estão felizes; noutro, mal-humorados.

“Uma pessoa emocionalmente rica e jovem do ponto de vista psiquiátrico é capaz de contemplar o belo, curtir a vida, cantarolar pela manhã, fazer das pequenas coisas um espetáculo aos olhos.”

Se muitos jovens estão emocionalmente envelhecidos, imagine os adultos mentalmente acelerados. Vários se encontram num asilo emocional. São miseráveis no território da emoção. Alguns administram empresas ou exercem sua profissão com maestria, mas são incapazes de gerir a que considero a mais complexa empresa: a mente humana. Reclamam de tudo e de todos. Colocam sua qualidade de vida nos últimos lugares da sua agenda.

Felizmente, a emoção humana pode e deve rejuvenescer. Felizmente, podemos todos os dias relaxar e aprender a fazer muito do pouco. Por isso, há idosos com idade biológica de 80 anos, mas com um vigor inacreditável. Amam a vida, sair, viajar, se aventurar, conhecer pessoas, inventar e se reinventar. Desenvolveram intuitivamente um Eu gerente, que não se submete ao medo da morte, ao pessimismo, ao sofrimento por antecipação. Para eles, a vida é um *show*, mesmo quando atravessam crises.

Retardamento da maturidade da emoção

Jamais devemos esquecer esse mecanismo: quando uma pessoa tem uma SPA importante e seu Eu é incapaz de gerenciar minimamente os pensamentos, o processo de elaboração das experiências, que contêm perdas, decepções, derrotas, limites, fica muito comprometido. O fenômeno RAM não forma núcleos saudáveis de janelas light no córtex cerebral para dar sustentabilidade às funções complexas da inteligência, como proatividade, autodeterminação, resiliência, tolerância.

A consequência? Não apenas o envelhecimento precoce da emoção, como abordei no item anterior, mas também o retardamento da maturidade. Imagine um ser humano adulto com uma emoção envelhecida e, ao mesmo tempo, imatura?

Você conhece executivos, médicos, psicólogos, advogados, jornalistas ou políticos que não podem ser contrariados, criticados, confrontados? Eles são exemplos de pessoas sem juventude emocional e imaturas intelectualmente. São cronicamente insatisfeitos, desanimados, reclamam de tudo – portanto, envelhecidos – e têm um comportamento autoritário, não podem ser desafiados, jamais reconhecem seus erros ou pedem desculpas.

O egocentrismo, o egoísmo e o individualismo não são e nunca foram sinais de poder: são, sim, sintomas de uma psique envelhecida e, ao mesmo tempo, infantil. Todos os ditadores agem como crianças em termos de maturidade.

A imaturidade emocional acompanha algumas necessidades neuróticas: de poder, de estar sempre certo, de não saber lidar com limites, de controlar os outros, de querer tudo rápido e de ser o centro das atenções sociais.

Sinceramente, não conheço uma pessoa que seja plenamente madura, quer no campo da filosofia, da espiritualidade, da medicina, da psicologia. Se nos mapearmos com profundidade, enxergaremos alguma imaturidade. Todos nós precisamos revisar nossa história. Algumas pessoas são encantadoras fora dos focos de tensão, porém, quando atravessam alguns tipos de estresse, ficam irreconhecíveis.

Um Eu maduro é empático (sabe se colocar no lugar dos outros), tem prazer no altruísmo, promove as pessoas, enriquece a autoestima e, além disso, não vende sua paz por um preço vil; enfim, sabe se proteger.

Devido à SPA, crianças e adolescentes estão perdendo coletivamente a ingenuidade, a criatividade, a capacidade de superação dos conflitos e de adaptação às adversidades. Não sabem ouvir "não", chorar, atravessar crises, ser abandonados pelo(a) namorado(a). Paciência é um artigo raro. Eles necessitam de estímulos prolongados, elaborados, como um prato *à la carte*, e não como um hambúrguer.

Quem não luta pelos seus sonhos e quer tudo rápido será uma eterna criança. Não à toa, muitos profissionais com 40 anos têm maturidade emocional de 18. Muitos adolescentes de 18 têm idade emocional de 10.

Reciclar a Síndrome do Pensamento Acelerado para nutrir a maturidade emocional é fundamental para ter uma mente livre e realizada. Caso contrário, a palavra felicidade estará nos dicionários, mas jamais fará parte dos textos de nossa história.

Morte precoce do tempo emocional

O tempo para a emoção não é o mesmo que para a física. Uma das mais graves consequências da SPA é a morte precoce da emoção, ou melhor, da percepção do tempo. Para explicar esse fenômeno, deixe-me exemplificá-lo. Vivemos mais ou menos que os habitantes da Idade Média? A resposta é óbvia. Biologicamente, vivemos muito mais, o dobro. Naqueles tempos, a expectativa média de vida era de 40 anos. Uma amigdalite poderia gerar grave infecção, pois não havia antibióticos. Hollywood retrata de maneira distorcida as mulheres da corte da época, glamorosas, reluzentes. Na verdade, muitas princesas, aos 20 anos de idade, já haviam perdido os dentes e tinham que andar com os lábios cerrados.

Hoje, vivemos, em média, de 70 a 80 anos e estamos progredindo, mas permita-me fazer outra pergunta: do ponto de vista emocional, vivemos mais ou menos do que os gregos, romanos ou do que se vivia na Idade Média? A Síndrome do Pensamento Acelerado nos leva a viver uma vida tão rápido em nossa mente, que distorce nossa percepção do tempo. Vivemos mais tempo biologicamente, mas morremos mais cedo emocionalmente. Oitenta anos hoje passam mais rápido que vinte anos no passado.

A medicina prolongou a vida, e o sistema social contraiu o tempo emocional.

Não parece que dormimos e acordamos com a nossa idade? Não parece que nossa existência passou rapidíssimo? Estamos tão atolados com atividades mentais e profissionais que não temos tempo para desfrutar, digerir e assimilar as experiências existenciais. Como disse, estamos na era do *fast-food* emocional, engolimos nosso nutriente. Não sabemos amar, dialogar, ouvir, sonhar, interiorizar, jogar conversa fora.

Você não sente que os meses e os anos voam? Isso é grave. Um dos nossos maiores desafios é dilatar o tempo. Mas quem tem um Eu treinado para expandir a percepção do tempo? Não sabemos sequer o que fazer com o tédio. As crianças estão tão aceleradas que, quando ficam cinco minutos sem atividade, já reclamam: "Não tem nada para fazer nesta casa!". Estamos viciados em atividades, viciados em informação, viciados em celulares, viciados em asfixiar o tempo, viciados em pensar.

Devemos viver as experiências lenta e suavemente, como quando saboreamos um sorvete ao sol escaldante do verão. Nosso Eu deve fazer de um dia uma semana, de uma semana um mês, de um mês um ano. As pessoas ansiosas, impacientes, inquietas, que detestam a rotina e querem tudo imediatamente não verão a vida passar; elas são os piores inimigos da sua emoção. E eu? E você?

Desproteção emocional e desenvolvimento de transtornos psiquiátricos

Outra consequência da SPA é a desproteção da emoção. Uma pessoa agitada e hiperpensante não contrai a habilidade de filtrar estímulos estressantes. Tem uma facilidade enorme de formar janelas killer. Sua emoção torna-se terra desolada, sem proprietário. Qualquer calúnia, crítica ou injustiça a derrota. Perdas e decepções a afetam tanto que desertificam seu dia, sua semana, seu mês e, às vezes, sua vida. O fenômeno do autofluxo a domina, lê e relê essas experiências e transforma sua mente num inferno.

Uma pessoa sem proteção emocional tem chance de desenvolver hipersensibilidade. Ela não apenas se preocupa com a dor do outro como vive essa dor; não apenas pensa no amanhã como sofre pelo futuro. E, além disso, tem uma preocupação exagerada com sua imagem social, com o que os outros pensam dela, ainda mais atualmente, em que não há privacidade na internet. Por tudo isso, tem maior facilidade de intensificar a SPA e deflagrar ou desenvolver depressão, síndrome do pânico, doenças psicossomáticas.

Já ajudei celebridades e pessoas multimilionárias preocupadas com sua integridade física. Elas andavam em carros blindados e com seguranças, mas não haviam aprendido a proteger sua emoção. Não construíram seguro contra os estímulos estressantes causados pelos outros ou contra aqueles criados em sua própria mente. Não sabiam sequer reciclar seus pensamentos autopunitivos, sua autocobrança excessiva, suas preocupações asfixiantes. Apesar de morarem como reis, mendigavam tranquilidade e alegria.

Muitas pessoas não admitem lixo no carro, na cozinha, no escritório ou no quarto, mas admitem acumular lixo no mais fascinante espaço: o da própria mente. Não é isso um paradoxo? Como não ser vítimas da ansiedade se somos relapsos no único lugar onde é inadmissível deixar de atuar?

Qualquer um coloca tranca na porta de casa, mesmo nos países mais seguros. Mas sua personalidade é uma casa sem proteção. Uma emoção desprotegida tem um Eu flutuante. Momentos alegres se alternam com momentos tristes, bom humor alterna-se com isolamento, segurança e ciúme fazem parte do mesmo cardápio.

Lembre-se sempre: nossos piores inimigos não estão fora de nós. É vital desenvolver, nesta sociedade estressante, habilidades para gerenciar pensamentos; caso contrário, nossa emoção será um barco sem leme, um carro sem direção. É quase impossível não se acidentar. E não há possibilidade de não entrar nesse veículo, pois nós somos o veículo.

Outras consequências da SPA

Além de todas as consequências emocionais que a Síndrome do Pensamento Acelerado pode causar, há outras igualmente importantes, que comento brevemente a seguir.

Doenças psicossomáticas

A ansiedade crônica (contínua) pode causar inúmeros sintomas e doenças psicossomáticas, hipertensão, taquicardia, nó na garganta, queda de cabelo e doenças autoimunes. É provável, inclusive, que desencadeie, acelere ou influencie a evolução de determinados tipos de enfarto e de câncer.

Comprometimento da criatividade

Uma pessoa com uma mente hiperacelerada tem maior dificuldade de abrir as janelas da memória e elaborar respostas brilhantes nas situações estressantes. Pensar excessivamente bloqueia a inventividade e a imaginação.

Comprometimento do desempenho intelectual global

A longo prazo, a SPA afeta o processo de observação, assimilação, resgate e organização de dados. Provas orais e escritas podem ser severamente afetadas por uma mente hiperpensante e hiperpreocupada com seu rendimento intelectual e com a opinião de pais e professores. O estresse crônico (permanente) da SPA pode dificultar a abertura das janelas da memória.

Deterioração das relações sociais

Uma mente hiperacelerada tem tendência a ser impulsiva, a não pensar antes de reagir e a ter baixo nível de paciência com filhos, amigos, cônjuge, colegas de trabalho. Esse comportamento compromete a afetividade, a estabilidade e a profundidade das relações interpessoais. Muitos casais começam sua relação no céu do afeto e terminam no inferno dos atritos.

Dificuldade de trabalhar em equipe e cooperar socialmente

Uma mente agitada tem maior dificuldade de expressar seus pensamentos, debater ideias, promover seus colegas, ser simpática (agradável) ou empática (olhar com os olhos dos outros). E, como vimos, uma pessoa hiperpensante pressiona todos a que acompanhem seu ritmo alucinante. Uma exigência quase impossível para os "simples mortais". A SPA compromete a saúde psíquica de um ser humano, o futuro de uma empresa, o PIB (Produto Interno Bruto) de um país e a sustentabilidade do meio ambiente e da espécie humana.

14

Como gerenciar a Síndrome do Pensamento Acelerado – Parte I

Vou abordar oito importantíssimas técnicas para combater o mal do século: a ansiedade decorrente da Síndrome do Pensamento Acelerado. Não é fácil resolvê-la completamente nesta sociedade tão estressante, rápida, agitada. Mas, se não for possível eliminá-la, precisamos e devemos pelo menos gerenciá-la. Nosso futuro emocional, social e profissional pode estar intimamente ligado ao nosso êxito nessa empreitada. Vou dividir essas técnicas em duas partes.

1. Capacitar o Eu para ser autor da própria história

No mundo todo, academias de ginástica exercitam o corpo, colégios ensinam habilidades técnicas e autoescolas ensinam a dirigir veículos, mas praticamente não há escolas que eduquem e treinem o Eu para dirigir o mais complexo de todos os veículos, a mente humana.

Capacitar o Eu para ser gestor psíquico não é apenas vital para a desaceleração do pensamento; é também fundamental para promover uma emoção saudável e uma mente criativa. Mas tal capacitação parece algo inalcançável nesta sociedade exteriorizante. Entretanto, é possível! O seu Eu está capacitado? Porque temos um rico sistema sensorial que nos conecta com o mundo externo, viciamo-nos em atuar nele e não nos equipamos para intervir nos solos psíquicos. Deixamos essa responsabilidade para a psiquiatria clínica e a psicoterapia quando já estamos doentes, ou ainda para a espiritualidade, a filosofia e os autores de autoajuda. Cometemos erros graves por não termos desenvolvido ferramentas psiquiátricas, psicológicas, psicopedagógicas e sociológicas para prevenir os transtornos emocionais e potencializar as funções mais importantes da inteligência.

Quando surgiu a covid-19, a Organização Mundial da Saúde (OMS) e cientistas de inúmeras universidades foram mobilizados para minimizar os efeitos da pandemia. Entretanto, não ficamos desesperados com a falta de tecnologia para prevenir fobias, depressão, anorexia, pânico, *bullying* e o mal do século, a SPA. Bilhões de pessoas são atingidas por esses sintomas nas sociedades modernas, e parece que estamos hibernando.

A OMS, cientistas e professores de todas as universidades deveriam ser mobilizados para a necessidade vital de gerenciar pensamentos, proteger a emoção, filtrar estímulos estressantes, olhar com os olhos dos outros, pensar como humanidade. Nossa espécie está em crise, por causa não apenas de ataques terroristas, epidemia das drogas, violência urbana, violência nas escolas, violência contra as mulheres, consumismo, pedofilia, discriminação, mas da hiperconstrução de pensamentos que violenta nossa mente e da inabilidade do Eu como gestor da nossa psique.

Você deve escolher se ficará na plateia, assistindo passivamente aos pensamentos produzidos pelos fenômenos inconscientes (o gatilho, as janelas da memória e, em especial, o autofluxo), ou se assumirá o papel de diretor do *script* da sua história. Dependendo da sua decisão, as técnicas comentadas a seguir poderão ser vitais.

Nunca seremos plenamente donos do nosso próprio destino, como Jean-Paul Sartre e os demais existencialistas sonhavam. Nunca seremos plenamente autônomos como Paulo Freire almejava. Mas não estamos de mãos atadas. Podemos e devemos deixar de ser meros atores coadjuvantes e assumir o papel de ator principal do teatro mental.

Se nosso Eu for equipado para conhecer a última fronteira da ciência, o processo de construção de pensamentos e educado para gerir nosso intelecto, as prisões, pelo menos a maioria, tornar-se-ão museus, muitos policiais tornar-se-ão poetas, muitos psiquiatras e psicólogos terão tempo para cultivar flores. E as guerras? As guerras mudarão de estilo, não serão mais usadas armas para extrair o sangue, e sim ideias para injetar o amor, o altruísmo e a tolerância no mundo. Pensaremos não mais como feudos, mas como uma família humana.

2. Ser livre para pensar, mas não escravo dos pensamentos

Ser livre para pensar é muito diferente de ser escravo dos pensamentos. Ser livre em nossa mente é libertar o imaginário, inovar, ousar e propor novas ideias. É encantar nossos alunos, impactar nossos filhos e surpreender quem escolhemos para dividir nossa história. É dizer palavras nunca ditas e ter comportamentos inesperados. Por exemplo, para quem amamos, dizer "Obrigado por existir"; para quem acabou de nos decepcionar, "Apesar de ter me frustrado, eu aposto que você vai brilhar".

Ser escravo da SPA, ao contrário, é não ter defesa contra o pessimismo, o conformismo, a autopiedade, o autoabandono, a autopunição, o sentimento de culpa, a agitação mental. É ser asfixiado por dentro e não reagir. É ser aterrorizado em sua própria mente e ficar calado. Para libertar-nos desses cárceres, precisamos desenvolver uma genialidade não genética.

Meus livros são usados em institutos de gênios (sobre-dotados) para ajudá-los a desenvolver habilidades que lhes faltam e torná-los produtivos, mas estou certo de que todos podemos desenvolver uma genialidade que ultrapassa a financiada pelos genes. Quando um ser humano aprende a se colocar no lugar do outro e a expor, e não impor, suas ideias, ele se torna um gênio na empatia. Quando aprende a ter resiliência, torna-se um gênio em sua capacidade de trabalhar perdas. Quando decide ser livre e transformar o caos em oportunidade para crescer, torna-se um gênio em inovação e criatividade.

3. Gerenciar o sofrimento antecipatório

Uma das mais importantes tarefas do Eu é gerenciar, todos os dias, os pensamentos que debilitam e bloqueiam a inteligência, em especial aqueles que imprimem estresse por antecipar o futuro. Entretanto, é surpreendente como nosso Eu faz o velório antes do tempo.

Muitos de nós são críticos do misticismo, mas se comportam como cartomantes de segunda categoria. Sofrem por previsões da sua mente. Mais de 90% das nossas preocupações sobre o futuro não se materializarão. E os outros 10% ocorrerão de maneira diferente da que desenhamos. Não é possível ter uma emoção estável e saudável sem dar um choque de lucidez nas preocupações diárias que nos assaltam. O Eu pode e deve impugnar e discordar dos pensamentos de péssima qualidade. Não fazê-lo é ser ingênuo, é não saber que o fenômeno RAM está imprimindo-os.

Nada coloca tanto combustível no mal do século, na ansiedade gerada pela SPA, do que sofrer pelo que ainda não aconteceu. Nosso Eu deve pensar no amanhã apenas para sonhar e desenvolver estratégias para superar desafios e dificuldades. Mas, infelizmente, muitos se assombram com o futuro. Sabotam sua qualidade de vida no presente.

4. Fazer a higiene mental através da técnica do DCD

Fazer a higiene mental é tão ou mais importante do que fazer a higiene bucal ou corpórea. Sem aprender a fazê-la, não é possível aliviar a Síndrome do Pensamento Acelerado e muito menos reeditar as janelas killer ou traumáticas.

Uma excelente ferramenta, que temos preconizado em mais de sessenta países, para realizar uma higiene mental eficiente é a técnica do DCD (duvidar, criticar e decidir).

Por que a dúvida é fundamental? Porque ela é o princípio da sabedoria na filosofia. Ninguém libertou sua criatividade, rompeu paradigmas e produziu importantíssimas ideias se não aprendeu, ainda que intuitivamente, a manipular a arte da dúvida. Tudo em que cremos nos controla; se o que cremos é doentio, poderá nos deixar enfermos a vida toda. Duvidar do controle do medo, da insegurança, da ansiedade, da impulsividade, da irritabilidade, da baixa autoestima é fundamental para superá-los.

E a crítica, por que é vital? Porque a crítica e a autocrítica são os alicerces da sabedoria na psicologia. Criticar cada pensamento perturbador e cada emoção angustiante, bem como a passividade do Eu, é nutrir a lucidez e a maturidade psíquica. Muitos são ótimos em criticar os outros, não deixam nada passar em branco, a ponto de se tornarem difíceis de suportar, porém são incapazes de fazer uma autocrítica. São candidatos a deuses, possuem um Eu engessado, jamais questionam sua rigidez, sua mente agitada ou seus pensamentos mórbidos.

E, para completar a técnica, devemos aplicar a determinação estratégica. Essa ferramenta é o princípio da sabedoria na área de recursos humanos. A determinação é a fonte da disciplina, da autodeterminação, da capacidade de lutar pelas metas. Sem disciplina, nossas metas se tornam motivações superficiais, e não projetos de vida. Sem autodeterminação, nossos projetos se diluem no calor das dificuldades.

A técnica do DCD não substitui o tratamento psicológico, pois é uma técnica educacional, mas torna a higiene mental efetiva. De quanto em quanto tempo tomamos banho em média? Em 20 mil sessões de psicoterapia e consultas psiquiátricas que realizei, presenciei doenças surpreendentes. Tive uma paciente que tomava banho quarenta vezes por dia. Após ela sair do banho e se enxugar, dois fenômenos inconscientes que constroem pensamentos em milésimos de segundo entravam em cena: o gatilho da memória e a janela killer. Quando ela se enxugava, o gatilho abria a janela killer de que a toalha estava suja. Desse modo, fechava o circuito da memória, e o Eu, amordaçado pela ansiedade, repetia o ritual do banho.

Em média, tomamos banho a cada vinte horas e fazemos higiene bucal a cada quatro ou seis horas. Vamos relembrar: e a higiene mental, quanto tempo temos para realizá-la? Não podemos nos esquecer. No máximo, cinco segundos. Quando produzimos uma emoção ou um pensamento angustiante, devemos, no silêncio de nossa mente, enquanto a janela está aberta e sendo impressa pelo fenômeno RAM, fazer a técnica do DCD. Caso contrário, tudo o que é registrado não pode ser mais deletado, apenas reeditado.

Mas é incrível como somos lentos e tímidos em nossa mente. Não é sem razão que é fácil adoecer. Devemos virar a mesa contra tudo o que furta nossa tranquilidade. É como dar frequentes gritos silenciosos de liberdade. Como? Que palavras usar? Não há regras. Devemos aplicar a técnica do DCD diariamente e de maneira livre, usando nossa própria cultura e capacidade.

Inúmeras pessoas de vários países melhoraram sua qualidade de vida, aliviaram sua ansiedade e resgataram a liderança do Eu usando essa técnica psicológica e pedagógica preventiva. Tenho recebido muitas mensagens de pessoas que, por usarem-na cotidianamente, se reciclaram e até superaram suas ideias de suicídio e deixaram de ser escravas da sua emoção. O DCD também tem sido usado por pacientes como complemento do tratamento psiquiátrico e psicoterapêutico que realizam.

Duvidar de tudo o que nos aprisiona, criticar cada pensamento que nos fere e determinar estrategicamente aonde queremos chegar em nossa qualidade de vida e em nossas relações sociais são tarefas fundamentais do Eu. Lembre-se de que duvidar e criticar vêm antes de determinar; caso contrário, o DCD se tornará uma técnica de autoajuda sem sustentabilidade, e não uma técnica científica e efetiva.

15

Como gerenciar a Síndrome do Pensamento Acelerado – Parte II

5. Reciclar as falsas crenças

As falsas crenças são mais poderosas que eventuais pensamentos e emoções angustiantes. Esses últimos podem ser construídos a partir de pequenas plataformas de janelas tensionais, enquanto as falsas crenças são núcleos killer de habitação do Eu e, portanto, geram verdadeiras masmorras.

Exemplos de falsas crenças: sentimento de incapacidade, complexo de inferioridade, timidez, conformismo, necessidade neurótica de ser perfeito (autocobrança), pensamento convicto de que está programado para ser deprimido, ter fobia social, dependência, ansiedade. Há pessoas complacentes com os outros, mas implacáveis consigo mesmas. Vivem se punindo, pois têm a necessidade ansiosa de ser o melhor profissional, o melhor amigo, o melhor pai ou a melhor mãe. Há outras que acreditam que serão tímidas a vida toda, que terão dificuldade de falar em público e debater ideias. Há as que pensam que estão condenadas a ser depressivas ou conviver com sua claustrofobia para sempre.

Não poucas dessas pessoas são seres humanos maravilhosos, inteligentes, generosos, mas não para si. Vivem em calabouços, que, muitas vezes, foram criados por elas mesmas. O pensamento, como estudamos, por ser virtual, faz da verdade um fim inatingível, porém as falsas crenças têm o poder de transformar a irrealidade em verdade absoluta, criando prisões psíquicas para o Eu, que podem perdurar por toda a existência. Por produzirem cárceres psíquicos, tais crenças irrigam a SPA.

O Eu autossabotador dessas pessoas está sempre construindo armadilhas para que elas vivam como miseráveis, ainda que sejam admiradas socialmente. Aplicar a técnica do DCD diariamente sobre as falsas crenças é vital para reeditar os núcleos doentios de habitação do Eu.

Outra técnica poderosa é a mesa-redonda do Eu. Nessa técnica, o Eu reúne-se, todo dia, no silêncio de nossa mente, com nossas falsas crenças. E nessa reunião estabelece um autodiálogo contundente, ou melhor, uma conversa franca, sincera, honesta, um debate com as mentiras, conceitos distorcidos e paradigmas infundados das falsas crenças.

A técnica do DCD é feita nos focos de tensão, quando as emoções e os pensamentos perturbadores produzidos pelas falsas crenças estão em cena; já a técnica da mesa-redonda do Eu é realizada fora do foco de tensão, quando o "monstro" está hibernando, ou seja, quando o núcleo killer não está aberto. A técnica do DCD reedita as janelas killer, e a técnica da mesa-redonda do Eu constrói janelas light paralelas ao redor do núcleo traumático.

Essas duas técnicas são poderosas para quem quer sair da plateia, entrar no palco da própria mente e exercer os papéis solenes de gerenciar pensamentos, proteger a emoção e filtrar estímulos estressantes.

6. Não ser uma máquina de trabalhar: o mais eficiente no leito de um hospital

A sexta ferramenta para aliviar a Síndrome do Pensamento Acelerado vai ao encontro das pessoas mais realizadas profissionalmente. Como comentei, os melhores profissionais não param nunca, são viciados em trabalhar, em realizar atividades, em construir, em inventar. Ser empreendedor é vital para ser um construtor de projetos, mas ser empreendedor em excesso é a melhor forma de destruir a própria saúde emocional. Parece que esses profissionais desejam, embora não conscientemente, ser os mais ricos do cemitério...

Sabem claramente que são mortais, mas vivem como se fossem eternos, como se fossem viver milhares de anos. Não há dúvida de que em alguns momentos de nossa história profissional temos que nos sacrificar, aproveitar as oportunidades, trabalhar muito, inclusive em feriados e finais de semana. No entanto esse sacrifício tem de ser temporário e durar meses ou, no máximo, alguns anos.

Ninguém é inatingível. Alguns trabalham excessivamente durante décadas, mas não para ter lucro, e sim para suprir as necessidades dos outros e enriquecer seu sentido existencial. Há religiosos e filantropos que se doam muito para os desvalidos, o que é nobre. Mas, ainda que sejam felizes em ajudar os outros, o "preço" é alto; o altruísmo não administrado é desgastante. Não é possível doar-se excessivamente e ter um cérebro intacto.

Mesmo uma mente brilhante como a do mestre dos mestres sofreu há dois milênios um desgaste emocional sem precedentes na sua última noite. Uma análise psicológica e não teológica dos seus comportamentos demonstra que ele antecipou o drama que teria no dia seguinte, preparou-se para suportar o insuportável e, por fim, hiperacelerou seus pensamentos e teve hematidrose (suor sanguinolento), um sintoma raro produzido por um estresse violentíssimo. Quase enfartou antes de morrer sobre o madeiro, ante a sentença romana. Mas não se curvou à ansiedade, protegeu sua emoção, gerenciou seus pensamentos e fez poesia

“Não é possível doar-se excessivamente e ter um cérebro intacto.”

no caos. Centenas de milhões de pessoas que o valorizam nas mais diversas religiões muito provavelmente não estudaram os mecanismos mentais que ele utilizou nos focos de tensão. Não poucas vivem na lama da ansiedade.

A utilização desses mecanismos explica sua fenomenal capacidade de lucidez para resgatar seu aluno mais culto no exato momento em que este o traía. Ele teve a coragem de chamar Judas de amigo e fazer-lhe uma pergunta, o que, como vimos, é o princípio da sabedoria na filosofia: "Amigo, para que vieste?". Isso indica que ele tinha medo não de ser traído, mas de perder um amigo. Que mestre era esse que investia tudo o que tinha em quem o decepcionava? Infelizmente, Judas entrou numa janela killer duplo P, que lhe gerou intensa culpa, fechou-lhe o circuito da memória e sequestrou seu Eu no único lugar em que jamais deveria vender sua liberdade. Judas tinha vocação social, queria ajudar os outros, mas, quando precisou se proteger, falhou, foi um carrasco de si mesmo.

Muitos cientistas passam a vida pesquisando, dia e noite, para produzir conhecimentos, incluindo vacinas, e aliviar o sofrimento dos outros. Possuem uma motivação incontrolável para contribuir com a humanidade. No entanto, não gerenciam seu estresse nem se protegem. Fecham-se em seu mundo, e não poucos adoecem.

Com muita humildade, para produzir o Freemind – um programa mundial gratuito, lançado nos Estados Unidos, para mestrandos, doutorandos e líderes de mais de trinta países e que contém doze ferramentas para contribuir para o desenvolvimento de uma mente livre e de uma emoção saudável –, tive que trabalhar em muitos finais de semana e abrir mão de horas de descanso, inclusive durante as festas de final de ano. Mas estava consciente de que era algo temporário e por uma boa causa.

Há muitas classes fundamentais de profissionais voltados para a sustentabilidade do funcionamento da sociedade que têm uma sobrecarga de trabalho inumana. Entre elas, gostaria de ressaltar duas: a dos juízes (magistrados) e a dos promotores de justiça. É surpreendente que os governos federal e estaduais do país não atentem para a qualidade de vida desses diletos profissionais. Os juízes parecem enxugar gelo sob o sol do meio-dia numa sociedade conflituosa, que, vitimada pela SPA e pelas armadilhas da mente, tem pouca habilidade para proteger sua emoção e resolver conflitos pacificamente, optando por instrumentos jurídicos processuais. São mais de 100 milhões de processos no Brasil para um número inexpressivo de menos de 20 mil juízes. Incontáveis magistrados, justamente por serem altruístas, destroem sua saúde física e emocional trabalhando à noite, sacrificando suas famílias, seus finais de semana e até seus feriados.

Muitos deles, além disso, sofrem com ameaças externas; mas o primeiro e pior inimigo é mesmo o que vem de dentro, decorrente do esmagamento da qualidade de vida pela sobrecarga do trabalho intelectual exercido. A Síndrome do Pensamento Acelerado os leva a ter fadiga ao acordar, cefaleia, dores musculares, ansiedade, sofrimento por antecipação, transtorno do sono, déficit de memória. Como teremos uma sociedade justa e fraterna se somos injustos exatamente com aqueles que se encarregam de fazer justiça? É necessário dar atenção a todos os profissionais do sistema judiciário.

Preocupar-se com o bem-estar dos outros é uma boa forma de minimizar os fantasmas que criamos. É um privilégio e uma obrigação nos doar socialmente, já que o essencial para a sobrevivência é gratuito: o ar, o pulsar do coração, o ciclo da glicose de mais de 3 trilhões de células que constituem o corpo. Todavia, quem se preocupa com a dor dos outros tem de gerenciar seus pensamentos com maior eficiência, pois o altruísmo, como disse, sempre cobrará um preço psicossomático alto. E um dos mecanismos que mais podem aliviar a SPA e nos proteger é a diminuição ao máximo da expectativa do retorno. Ninguém pode nos frustrar mais do que as pessoas a quem nos doamos.

Sob o ângulo estritamente profissional, o problema é que pessoas muito eficientes e responsáveis são irresponsáveis com sua saúde emocional. Não desligam nunca. Não se deleitam com seu êxito. Quanto maior for o êxito financeiro, mais elas querem trabalhar. Quando alcançam o pódio, sua alegria dura pouco, pois logo mergulham em outra jornada. Se as colocarmos numa varanda para contemplar o belo por uma ou duas horas, sentem tédio. Não conseguem desacelerar.

Escrevo as últimas palavras deste livro na República Checa, país em que sou publicado. Em Praga, a riqueza cultural e arquitetônica é impressionante. Mas reparo que japoneses, chineses, alemães, americanos com perfil de executivos estão tensos, têm o andar apressado, não se acalmam. Querem visitar o máximo de lugares, tirar rápidas fotografias, mas não param para observar atenta e demoradamente a história, as lágrimas, os pesadelos e os sonhos por detrás dos monumentos. Muitos parecem não estar de férias, mas consumindo produtos turísticos. Terminam-nas mais cansados do que quando as iniciaram. Férias, para serem "férias" para valer, devem limpar a mente, tranquilizar a emoção, ter doses elevadas de prazer, sono, reposição de energia e descanso.

7. Não ser uma máquina de informações

Na atualidade, qualquer computador, por mais lento que seja, tem capacidade de "armazenar" e resgatar mais informações que os cérebros mais geniais. Mas não é a quantidade de dados que dá a relevância da criatividade e da eficiência intelectual.

Minha teoria não contempla apenas a formação do Eu, mas também o processo de formação de mentes brilhantes. Estou convicto de que a ousadia, a autocrítica, a resiliência, a autoconfiança, a autoestima, a imaginação, o raciocínio multifocal, o raciocínio esquemático e a capacidade de abrir o máximo de janelas nos focos de tensão são mais importantes para a produção de novas soluções, de inovação, de respostas brilhantes do que uma supermemória saturada de dados.

Computadores se formam com um excelente programa e um superbanco de dados; pensadores se formam com um bom banco de dados e com doses elevadas das funções mais complexas da inteligência.

Quem não seleciona livros, textos, técnicas, cursos, artigos tem duas grandes possibilidades: expandir a Síndrome do Pensamento Acelerado e bloquear sua criatividade. Lembre-se de que Einstein, Freud e tantos outros produtores de conhecimento tinham menos dados em sua memória do que a maioria de seus discípulos das gerações seguintes. Então como foram tão longe?

Eles reciclaram suas falsas crenças e seu sentimento de incapacidade, fizeram a técnica do DCD intuitivamente (eram perguntadores, críticos, determinados) e, além disso, foram destemidos, intuitivos, imaginativos, mentalmente livres. Claro que falharam muito, tiveram noites de insônia, foram zombados, excluídos, desacreditados. Mas quem vence sem crises e acidentes vence sem glória...

8. Não ser um traidor da qualidade de vida

A oitava e última técnica para aliviar a SPA está ligada a um erro dramático. Antes de discorrer sobre ele, permita-me perguntar: você já foi traído de alguma forma? Não poucos de nós já foram traídos. Só os amigos nos traem; os inimigos nos decepcionam. Só as pessoas a quem nos doamos muito podem nos ferir tanto.

E você, já traiu? Talvez fiquemos inibidos em responder. Mas, sinceramente, todos nós já traímos! E, o que é pior, traímos aquilo que é mais relevante para ter uma mente livre e uma emoção saudável. Traímos nosso sono, nossos finais de semana, nossas férias, nosso relaxamento. Traímos o tempo precioso que poderíamos gastar conosco, fazendo uma higiene mental, reciclando nossas falsas verdades, nutrindo-nos com prazer de viver. Somos todos traidores.

E nossa traição não para por aí. Traímos o diálogo com as pessoas que nos são mais caras. Traímos o tempo com nossos filhos, amigos, cônjuge ou parceiro(a). O diálogo entre duas pessoas é a melhor forma de transferir o mais notável legado, as novas experiências. E a transferência desse legado é fundamental não apenas para aliviar a SPA, mas também para alicerçar as relações e dar sabor à existência.

Apesar de ter tratado muitos pacientes e conhecer muita gente, não perdi o prazer de dialogar. Cada ser humano, independentemente de seu status social e cultura e do quão fragmentado seja emocionalmente, é um mundo a ser descoberto, um universo a ser explorado. Acho estranho as pessoas, quando estão num elevador, não olharem para a face umas das outras, e sim para os números dos andares. Todos temos necessidade de dialogar, porém nos escondemos com facilidade.

Porque sou crítico ao culto à celebridade, raramente dou entrevistas no Brasil, embora o faça em outros países. Tenho milhões de leitores, mas as pessoas dificilmente conhecem meu semblante. Certa vez, aconteceu algo inusitado. Sempre que estou num avião, procuro conhecer quem está ao meu lado. É uma oportunidade de dialogar, de conhecer mais um incrível ser humano. Sentei-me ao lado de um homem de uns 35 anos. Ele estava impaciente, tenso, movimentava as mãos e os dedos sobre a perna. Provavelmente, queria que o avião voasse na velocidade da luz.

Logo indaguei: "Tudo bem?". Ele não queria conversa. Impostou a voz e falou secamente: "Tudo!". Perguntei então: "O que você faz?". Ele usou um tom mais seco e curto ainda: "Executivo!". Executivo do quê?, pensei eu. Do tráfico de drogas, do setor de alimentos, de roupas? Mas o sujeito não queria, em hipótese alguma, ser importunado por um estranho. E, para me silenciar, sacou um livro da mala. O título? *O vendedor de sonhos*!

Olhei para sua face e lhe disse: "Eu conheço o autor desse livro, e, em breve, ele será vertido para o cinema". O homem achou que eu estava zombando dele. Duvidando de minhas palavras, afirmou laconicamente: "Ele mora no exterior!".

Em seguida, pedi que abrisse na página tal e disse que estava escrito "isso e aquilo". Desconfiado, ele foi verificar. E ficou impressionado com o fato de eu conhecer o texto. Franziu a testa e, com a voz autoritária, questionou-me: "Como você sabe disso?". Então, me apresentei como autor do livro.

O sujeito continuou achando que eu estava debochando dele. Levantou mais a voz e me inquiriu: "Mostre seu passaporte!". Estávamos fazendo uma viagem doméstica, eu não carregava meu passaporte nem estava disposto a lhe provar nada. Afirmei: "Desculpe a brincadeira. Não sou o autor".

Eis que, nesse momento, apareceu a comissária de bordo, que me conhecia, e disse: "Doutor Cury, estou lendo um dos seus livros". Quando o executivo se convenceu de que eu era o autor, subitamente me deu um abraço, sacou seu celular e disse: "Vamos para o Facebook!".

Precisava de tudo isso? Eu só queria dialogar de ser humano para ser humano. Mas, infelizmente, como disse, nós estamos morrendo mais cedo emocionalmente, embora vivamos mais tempo biologicamente. Não sabemos ser gestores de nossa emoção, dilatar o tempo, dialogar, falar de nós mesmos, gastar tempo com aquilo que o dinheiro não pode comprar.

Espero que você tenha sucesso nessa fascinante jornada.

Saldar nossas "dívidas" e corrigir rotas

Devemos nos lembrar de que uma das mais graves consequências da SPA é a morte precoce do tempo emocional. Vivemos tão agitados e atarefados ao longo da jornada existencial que, quando paramos para pensar sobre a vida, levamos um susto. Parece que, como afirmei, dormimos e não vimos o tempo passar. Perdemos o melhor de nós, de nossos filhos, amigos, cônjuge, chafurdando na lama das preocupações, entrincheirados em nossas batalhas mentais. A consequência é que não poucos seres humanos notáveis estão à beira da falência física e emocional.

Quem não é fiel à sua qualidade de vida tem uma dívida impagável consigo mesmo. Qual é o tamanho da sua dívida com sua qualidade de vida? Só ao mapear sua mente de maneira transparente e honesta você saberá.

“Quem não é fiel à sua qualidade de vida tem uma dívida impagável consigo mesmo. Qual é o tamanho da sua dívida com sua qualidade de vida?”

Para gerenciar a ansiedade produzida pelo mal do século, a SPA, e saldar nossas "dívidas", devemos usar essas técnicas diariamente. Ter coragem para velejar para dentro de nós mesmos, reconhecer nossas fragilidades, admitir nossas loucuras, corrigir rotas e nos educar para sermos autores da nossa própria história é, acima de tudo, ter um caso de amor com a vida.

E ninguém pode fazer essa tarefa por você – nem filhos, parceiro(a), amigos, neurologista, psiquiatra, psicólogo ou livros. Só você mesmo... Não traia o que você tem de melhor!

Fim (ou o começo)!

Referências

ADLER, Alfred. *A ciência da natureza humana*. São Paulo: Nacional, [s.d.].

ADORNO, Theodor W. *Educação e emancipação*. Rio de Janeiro: Paz e Terra, 1971.

CHAUÍ, Marilena. *Convite à filosofia*. São Paulo: Ática, 2000.

COSTA, Newton C. A. *Ensaios sobre os fundamentos da lógica*. São Paulo: Edusp, 1975.

CURY, Augusto. *Armadilhas da mente*. Rio de Janeiro: Arqueiro, 2013.

CURY, Augusto. *A fascinante construção do Eu*. São Paulo: Academia da Inteligência, 2011.

CURY, Augusto. *Em busca do sentido da vida*. São Paulo: Planeta do Brasil, 2013.

CURY, Augusto. *Inteligência multifocal*. São Paulo: Cultrix, 1999.

CURY, Augusto. *O colecionador de lágrimas*. São Paulo: Planeta do Brasil, 2012

CURY, Augusto. *O código da inteligência*. Rio de Janeiro: Ediouro, 2009.

CURY, Augusto. *O mestre dos mestres*. São Paulo: Academia da Inteligência, 2000.

CURY, Augusto. *Pais brilhantes, professores fascinantes*. Rio de Janeiro: Sextante, 2003.

DESCARTES, René. *O discurso do método*. Brasília: UnB, 1981.

DUARTE, André. "A dimensão política da filosofia kantiana segundo Hannah Arendt". In: ARENDT, Hannah. *Lições sobre a filosofia política de Kant*. Rio de Janeiro: Relume Dumará, 1993.

FEUERSTEIN, Reuven. *Instrumental Enrichment – An Intervention Program for Cognitive Modificability*. Baltimore: University Park Press, 1980.

FOUCAULT, Michel. *A doença e a existência*. Rio de Janeiro: Folha Carioca, 1998.

FRANKL, Viktor Emil. *A questão do sentido em psicoterapia*. Campinas: Papirus, 1990.

FREIRE, Paulo. *Pedagogia dos sonhos possíveis*. São Paulo: Unesp, 2005.

FREUD, Sigmund. *Obras completas*. Madri: Editorial Biblioteca Nueva, 1972.

FROMM, Erich. *Análise do homem*. Rio de Janeiro: Zahar, 1960.

GARDNER, Howard. *Inteligências múltiplas: a teoria e a prática*. Porto Alegre: Artes Médicas, 1994.

GOLEMAN, Daniel. *Inteligência emocional*. Rio de Janeiro: Objetiva, 1995.

HALL, Lindzey. *Teorias da personalidade*. São Paulo: EPU, 1973.

HEIDEGGER, Martin. *Os pensadores*. São Paulo: Abril Cultural, 1989.

HUSSERL, Edmund. *La filosofía como ciencia estricta*. Buenos Aires: Nova, 1980.

JOVENS da geração Z têm sintomas de depressão mais cedo do que *millenials*. *Viva Bem UOL*, 2023. Disponível em: https://www.uol.com.br/vivabem/noticias/redacao/2023/09/19/jovens-da-geracao-z-tem-sintomas-de-depressao-mais-cedo-do-que-millenials.htm#~:text=Jovens%20da%20gera%C3%A7%C3%A3o%20Z%20t%C3%AAm%20sintomas%20de%20depress%C3%A3o%20mais%20cedo%20do%20que%20millenials&text=Crian%C3%A7as%20e%20adolescentes%20est%C3%A3o%20apresentando,do%20que%20h%C3%A1%20dez%20anos. Acesso em: 27 jul. 2024.

JUNG, Carl Gustav. *O desenvolvimento da personalidade*. Petrópolis: Vozes, 1961.

KAPLAN, Harold I.; SADOCH, Benjamin J.; GREBB, Jack A. *Compêndio de psiquiatria: Ciência do comportamento e psiquiatria clínica*. Porto Alegre: Artes Médicas, 1997.

KIERKEGAARD, Sören Aabye. *Diário de um sedutor e outras obras*. São Paulo: Abril Cultural, 1989.

LIPMAN, Matthew. *O pensar na educação*. Petrópolis: Vozes, 1995.

MASTEN, Ann S. "Ordinary Magic: Resilience Processes in Development". *American Psychologist*, v. 56, n. 3, 2001.

MASTEN, Ann S.; GARMEZY, Norman Risk. "Vulnerability and Protective Factors in Developmental Psychopathology". In: LAHEY. Benjamin B.; KAZDIN, Alan E. (eds.). *Advances in Clinical Child Psychology: 8*. Nova York: Plenum Press, 1985.

MORIN, Edgar. *O homem e a morte*. Rio de Janeiro: Imago, 1997.

MORIN, Edgar. *Os sete saberes necessários à educação do futuro*. São Paulo: Cortez; Unesco, 2000.

MUCHAIL, Salma T. "Heidegger e os pré-socráticos". In: MARTINS, Joel; DICHTCHEKENIAN, Maria Fernanda S. F. Beirão (orgs.). *Temas fundamentais de fenomenologia*. São Paulo: Moraes, 1984.

NACHMANOVITCH, Stephen. *Ser criativo – O poder da improvisação na vida e na arte*. São Paulo: Summus, 1993.

NAÇÕES UNIDAS BRASIL. OMS registra aumento de casos de depressão em todo o mundo; no Brasil são 11,5 milhões de pessoas. Nações Unidas Brasil, 23 fev. 2017. Disponível em: https://brasil.un.org/pt-br/75837-oms-registra-aumento-de-casos-de-depress%C3%A3o-em-todo-o-mundo-no-brasil-s%C3%A3o-115-milh%C3%B5es-de. Acesso em: 23 jul. 2024.

OCKLENBURG, Sebastian. Millennials or gen Z: Who shows greater shyness? *Psychology Today*, 2023. Disponível em: https://www.psychologytoday.com/intl/blog/the-asymmetric-brain/202305/millennials-or-gen-z-who-shows-greater-shyness. Acesso em: 27 jul. 2024.

PIAGET, Jean. *Biologia e conhecimento*. Petrópolis: Vozes, 1996.

QUEENSLAND BRAIN INSTITUTE. Half of world's population will experience a mental health disorder. *News & Research*, 2023. Disponível em: fonte: https://hms.harvard.edu/news/half-worlds-population-will-experience-mental-health-disorder. Acesso em: 27 jul. 2024.

RPC FOZ DO IGUAÇU. Estudo feito na pandemia indica que uma a cada quatro crianças tem depressão ou ansiedade; psicólogos alertam para mudanças no comportamento. *G1*, 2022. Disponível em: https://g1.globo.com/pr/oeste-sudoeste/noticia2022/04/29/estudo-feito-na-pandemia-indica-que-uma-a-cada-quatrocriancas-tem-depressao-ou-ansiedade-psicologos-alertam-para-mudancas-no-comportamento.ghtml. Acesso em: 27 jul. 2024.

SARTRE, Jean-Paul. *O ser e o nada*. Petrópolis: Vozes, 1997.

STEINER, Claude. *Educação emocional*. Rio de Janeiro: Objetiva, 1997.

STERNBERG, Robert J. *Más allá del cociente intelectual*. Bilbao: Desclee de Brouwer, 1990.

STEVEN Pinker. *Cómo funciona la mente*. Buenos Aires: Planeta, 2001.

WITTMAN, John. The Forgetting Curve. *CSU Stanislaus*, 2020. Disponível em: https://www.csustan.edu/sites/default/files/groups/Writing%20Program/forgetting_curve.pdf. Acesso em: 27 jul. 2024.

YUNES, Maria Angela M. "A questão triplamente controvertida da resiliência em famílias de baixa renda". Tese (Doutorado) – Pontifícia Universidade Católica de São Paulo, São Paulo, 2001.

YUNES, Maria Angela M.; Szymanski, Heloísa. "Resiliência: noção, conceitos afins e considerações críticas". In: TAVARES, José (org.). *Resiliência e educação*. São Paulo: Cortez, 2001.

Escola da Inteligência

Imagine uma escola que ensina não apenas a língua a crianças e adolescentes, mas também o debate de ideias, a capacidade de se colocar no lugar do outro e de pensar antes de reagir para desenvolver relações saudáveis. Uma escola que não ensina apenas a matemática numérica, mas também a matemática da emoção, onde dividir é aumentar, e também ensina a resiliência: a capacidade de trabalhar perdas e frustrações. Continue imaginando uma escola que ensina a gerenciar pensamentos e a proteger a emoção para prevenir transtornos psíquicos. Pense ainda numa escola onde educar é formar pensadores criativos, ousados, altruístas e tolerantes, e não repetidores de informações.

Parece raríssimo, no teatro das nações, uma escola que ensine essas funções mais complexas da inteligência, porém agora há um programa chamado Escola da Inteligência (E. I.), que entra na grade curricular, com uma aula por semana e rico material didático, para ajudar a escola do seu filho a se transformar nesse tipo de escola.

O dr. Augusto Cury é o idealizador do programa Escola da Inteligência. Vamos às lágrimas ao vermos os resultados em mais de 100 mil alunos. Há dezenas de países interessados em aplicá-lo. O dr. Cury renunciou aos direitos autorais do programa E. I. no Brasil para que este seja acessível a escolas públicas e particulares e haja recursos para oferecê-lo gratuitamente a jovens em situação de risco, como os que vivem em orfanatos. Converse com o diretor da escola do seu filho para conhecer e adotar o programa E. I. O futuro emocional do seu filho é fundamental.

Para obter mais informações e conhecer as escolas conveniadas da E. I. mais próximas de você, acesse:
www.escoladainteligencia.com.br ou ligue para (16) 3602-9420.

Academia de Gestão da Emoção

A produção de conhecimento do dr. Augusto Cury e as suas decisões não têm apenas impactado leitores de muitas nações, mas também têm sido assunto da grande mídia. Seu mais novo projeto, que vem sendo desenvolvido nos últimos dez anos, é a Academia de Gestão da Emoção on-line. Trata-se da primeira academia de gestão da emoção do planeta; uma escola digital com programas gratuitos e projetos sociais fascinantes, com foco na prevenção do *bullying*, do suicídio e no fim da ditadura da beleza.

A academia também oferece cursos e seminários de Gestão da Emoção. Nesse projeto, você aprenderá as ferramentas mais importantes para gerenciar a sua mente, superar os cárceres mentais e ser autor de sua história!

Para conhecer mais o projeto, acesse:
www.omelhoranodasuahistoria.com.br

#Augustocury #omelhoranodasuahistoria
#academiadegestaodaemocao
#4semanasparamudarasuahistoria

Conheça outros títulos do autor

Ansiedade: autocontrole

Ansiedade: ciúme

Ansiedade: como enfrentar o mal do século para filhos e alunos

Felicidade roubada

Gestão da emoção

Intoxicação digital

Pais inteligentes formam sucessores, não herdeiros

Petrus Logus: o guardião do tempo

Petrus Logus: os inimigos da humanidade

Registre aqui as reflexões geradas por esta leitura

1 2 3 4 5 6 7 8 9 10
2025